Kohlhammer

Fördern lernen – Prävention
Herausgegeben von
Stephan Ellinger

Band 18

Bodo Hartke
Kirsten Diehl

Schulische Prävention im Bereich Lernen

Problemlösungen mit
dem RTI-Ansatz

Verlag W. Kohlhammer

Alle Rechte vorbehalten
© 2013 W. Kohlhammer GmbH Stuttgart
Umschlag: Gestaltungskonzept Peter Horlacher
Umschlagmotiv: © istockphoto.com/Steve Debenport
Gesamtherstellung:
W. Kohlhammer Druckerei GmbH + Co. KG, Stuttgart

ISBN 978-3-17-021977-9

Vorwort des Reihenherausgebers

Die Reihe *Fördern lernen* umfasst drei klare thematische Schwerpunkte. Es sollen erstens die wichtigsten *Förderkonzepte und Fördermaßnahmen* bei den am häufigsten vorkommenden Lern- und Verhaltensstörungen dargestellt werden. Zweitens gilt es, die wesentlichen Grundlagen pädagogischer Beratungsarbeit und die wichtigsten *Beratungskonzepte* zu diskutieren, und drittens sollen zentrale *Handlungsfelder pädagogischer Prävention* übersichtlich vermittelt werden. Dabei sind die Bücher dieser Reihe in erster Linie gut lesbar und unmittelbar in der Praxis einzusetzen.

Im *Schwerpunkt Intervention* informiert jeder einzelne Band (1–9) in seinem ersten Teil über den aktuellen Stand der Forschung und entfaltet theoriegeleitet Überlegungen zu Interventionen und Präventionen. Im zweiten Teil eines Bandes werden dann konkrete Maßnahmen und erprobte Förderprogramme vorgestellt und diskutiert. Grundlage für diese Empfehlungen sollen zum einen belastbare empirische Ergebnisse und zum anderen praktische Handlungsanweisungen für konkrete Bezüge (z. B. Unterricht, Freizeitbetreuung, Förderkurse) sein. Schwerpunkt des zweiten Teils sind also die Umsetzungsformen und Umsetzungsmöglichkeiten im jeweiligen pädagogischen Handlungsfeld.

Die Bände im *Schwerpunkt Beratung* (10–16) beinhalten im ersten Teil eine Darstellung des Beratungskonzeptes in klaren Begrifflichkeiten hinsichtlich der Grundannahmen und der zugrundeliegenden Vorstellungen vom Wesen eines Problems, den Fähigkeiten des Menschen usw. Im zweiten Teil werden die Methoden des Beratungsansatzes anhand eines oder mehrerer fiktiver Beratungsanlässe dargestellt und erläutert, so dass Lehrkräfte und außerschulisch arbeitende Pädagogen konkrete Umsetzungen vornehmen können.

Die Einzelbände im *Schwerpunkt Prävention* (17–21) wenden sich *allgemeinen Förderkonzepten und Präventionsmaßnahmen* zu und erläutern praktische Handlungshilfen, um Lernstörungen, Verhaltensstörungen und prekäre Lebenslagen vorbeugend zu verhindern.

Vorwort des Reihenherausgebers

Die Zielgruppe der Reihe *Fördern lernen* bilden in erster Linie Lehrkräfte und außerschulisch arbeitende Pädagogen, die sich entweder auf die Arbeit mit betroffenen Kindern vorbereiten oder aber schnell und umfassend gezielte Informationen zur effektiven Förderung oder Beratung von Betroffenen suchen. Die Buchreihe eignet sich auch für die pädagogische Ausbildung und als Zugang für Eltern, die sich nicht auf populärwissenschaftliches Halbwissen verlassen wollen.
Die Autorinnen und Autoren wünschen allen Leserinnen und Lesern ganz praktische *Aha*-Erlebnisse!

Stephan Ellinger

Einzelwerke in der Reihe *Fördern lernen*

Intervention
Band 1: Förderung bei sozialer Benachteiligung
Band 2: Förderung bei Lese-Rechtschreibschwäche
Band 3: Förderung bei Rechenschwäche
Band 4: Förderung bei Gewalt und Aggressivität
Band 5: Förderung bei Ängstlichkeit und Angststörungen
Band 6: Förderung bei ADS/ADHS
Band 7: Förderung bei Sucht und Abhängigkeiten
Band 8: Förderung bei kulturellen Differenzen
Band 9: Förderung bei Hochbegabung
Beratung
Band 10: Pädagogische Beratung
Band 11: Lösungsorientierte Beratung
Band 12: Kontradiktische Beratung
Band 13: Kooperative Beratung
Band 14: Systemische Beratung
Band 15: Personzentrierte Beratung
Band 16: Berufsbezogene Beratung
Prävention
Band 17: Förderung der Motivation bei Lernstörungen
Band 18: Schulische Prävention im Bereich Lernen
Band 19: Schulische Prävention im Bereich Verhalten
Band 20: Förderung bei Bindungsstörungen
Band 21: Hilfen zur Erziehung

Inhalt

1 Ziele und Zielgruppen schulischer Prävention im Bereich Lernen — 9

1.1 Welchen Störungen soll vorgebeugt werden? — 9
1.2 Wie häufig kommen Lernschwächen bzw. Lernstörungen vor? — 29
1.3 Welche Modelle erklären deutliche Schulleistungsunterschiede und Lernstörungen? — 32

2 Grundfragen schulischer Prävention — 44

2.1 Welche allgemeinen Aspekte präventiven Handelns gelten auch für präventive schulische Maßnahmen? — 44
2.2 Welche allgemeinen methodischen Probleme sind bei der Entwicklung schulischer Präventionsprogramme zu berücksichtigen? — 53
2.3 Welche wissenschaftlichen Standards sind bei der Entwicklung von Präventionsprogrammen zu beachten? — 60

3 Allgemeine präventive Maßnahmen in der Schule — 70

3.1 Welche allgemeinen präventiven Maßnahmen in der Schule sind hilfreich? — 71
3.2 Welche eher allgemeinen sekundär präventiven schulischen Maßnahmen wirken präventiv? — 81
3.3 Welche allgemeinen Maßnahmen zur schulischen Prävention sind empfehlenswert? — 91

Inhalt

4 Spezifische schulische Prävention – das Beispiel Vorbeugung von Leserechtschreibschwäche   93

4.1 Welche Faktoren bedingen Leserechtschreibschwäche?   94
4.2 Welche Ansatzpunkte für Förderung ergeben sich aus dem Wissen über Schriftspracherwerb und LRS?   103
4.3 Welche Verfahren der Früherkennung und Förderung sind relevant?   107

5 Der Response to Intervention-Ansatz (RTI-Ansatz) – ein neuer Weg in der schulischen Prävention   124

5.1 Warum RTI?   124
5.2 Was bedeutet RTI als theoretischer Gegenentwurf zum ATI-Ansatz?   129
5.3 Was bedeutet RTI, verstanden als Präventionsmodell?   136
5.4 Wie sieht die Arbeit nach dem RTI-Konzept konkret aus?   143

Literatur   149

1
Ziele und Zielgruppen schulischer Prävention im Bereich Lernen

1.1 Welchen Störungen soll vorgebeugt werden?

Schulische Prävention im Bereich Lernen gehört neben der Integration von Schülerinnen und Schülern mit Behinderungen zu den vorrangigen gemeinsamen Aufgaben von Lehrkräften allgemeiner Schulen und von Sonderpädagogen. Bereits in den Empfehlungen zur sonderpädagogischen Förderung in den Schulen in der Bundesrepublik Deutschland der 90er Jahre des 20. Jahrhunderts sprach sich die Kultusministerkonferenz (KMK) für vorbeugende Maßnahmen für von Behinderung bedrohte Schüler aus. Innerhalb der Empfehlungen zum Förderschwerpunkt Lernen finden sich deutliche Aussagen: „Lern- und Entwicklungsverzögerungen sollen so früh wie möglich erkannt werden, um ihnen entgegen wirken zu können. Durch eine umfassende Person-Umfeld-Analyse müssen bereits in elementaren Entwicklungsbereichen

Beeinträchtigungen wahrgenommen und entsprechende Handlungsperspektiven beschrieben werden, ohne dabei künftige schulische Förderorte festzulegen und vorwegzunehmen. Präventive Förderung in der allgemeinen Schule wirkt der Entstehung und Verfestigung von Lernbeeinträchtigungen entgegen und kann Sonderpädagogischen Förderbedarf vermeiden helfen" (KMK, 2000, S. 309). Diese bereits 1999 formulierte Empfehlung „pro Prävention" zum Förderschwerpunkt Lernen basiert auf verschiedenen sozialwissenschaftlichen Erkenntnissen und gesellschaftlichen Diskursen.

Ergebnisse von Längsschnittstudien verdeutlichen beispielsweise, dass umfassende lang anhaltende, aber auch umschriebene Lernschwierigkeiten über längere Zeiträume entstehen und Entwicklungsprozessen unterliegen (Marx, 1992; Krajewski, 2003; Grube, 2005). Durch schulische Prävention sollen ungünstig verlaufende Entwicklungsprozesse frühzeitig erkannt und so beeinflusst werden, dass die individuelle Kompetenzentwicklung des in seiner schulischen Lern- und Leistungsentwicklung gefährdeten Kindes optimal gestaltet wird.

Zudem basiert das *Präventionsgebot* auf grundlegenden gesellschaftlichen Normen, die sich in der Diskussion um die Rechte von Menschen mit Behinderungen in den zurückliegenden Jahrzehnten immer genauer ausdifferenzierten. So kam es im Jahr 1994 zur Aufnahme des Benachteiligungsverbots von Menschen mit Behinderungen im Grundgesetz der Bundesrepublik Deutschland: „Niemand darf wegen seines Geschlechts, seiner Abstammung, seiner Rasse, seiner Sprache, seiner Heimat und Herkunft, seines Glaubens, seiner religiösen oder politischen Anschauungen benachteiligt oder bevorzugt werden. Niemand darf wegen seiner Behinderung benachteiligt werden" (GG, Artikel 3 (3)). Dieses Benachteiligungsverbot impliziert ausgleichende pädagogische Anstrengungen der öffentlichen Schule bei vorliegenden Behinderungen, unabhängig davon, ob es sich dabei um Funktionsbeeinträchtigungen im körperlichen und Sinnesbereich (z. B. motorische Beeinträchtigungen, Sehschädigungen) oder psychologischen Bereich (Informationsverarbeitung, intellektuelle Leistungsfähigkeit) handelt. Hat ein Kind eine Schädigung erfahren, die zu einer Funktionsbeeinträchtigung führt, welche seine schulische Entwicklung gefährdet, sind Anstrengungen zur Kompensation dieser Gefährdung ethisch und moralisch angezeigt.

Welchen Störungen soll vorgebeugt werden?

Genauso wie sonderpädagogische Hilfen die Bildung eines z. b. sehgeschädigten Kindes gewährleisten, sollen sonderpädagogische Hilfen das schulische Lernen von z. B. Kindern mit Beeinträchtigungen in der phonologischen oder visuellen Informationsverarbeitung sicherstellen. In diesem Zusammenhang ist auf die UN-Behindertenrechtskonvention hinzuweisen. Dort wird unmissverständlich klargestellt: „Die Vertragsstaaten anerkennen das Recht von Menschen mit Behinderungen auf Bildung. Um dieses Recht ohne Diskriminierung und auf der Grundlage der Chancengleichheit zu verwirklichen, gewährleisten die Vertragsstaaten ein inklusives Bildungssystem auf allen Ebenen" (UN-BRK, 2006). Sonderpädagogischer Förderbedarf mit dem Schwerpunkt Lernen entsteht aufgrund von verschiedenen Beeinträchtigungen beim Lernen erst innerhalb der Schulzeit (s. Abschnitt 1.3). Unter der Zielsetzung der Eröffnung von Chancen, der Vermeidung von Benachteiligung und optimaler Bildung und Erziehung sowie der Partizipation an dem, was gesellschaftliche Normalität ausmacht, besteht der Anspruch schulisch gefährdeter Schüler auf präventive schulische Förderung im Vorfeld von integrativen Hilfen. Oder anders formuliert: Für Schüler, die ungünstigen Entwicklungsprozessen unterliegen, die im „worstcase" zu einer Form schulischer Minderleistungen führen, sind präventive Hilfen ein Beitrag zu deren schulischer Integration.

Welche Schüler sind gefährdet und welchen Störungen soll vorgebeugt werden?

Innerhalb der Fachliteratur findet man eine Vielzahl von Begriffen, die dazu dienen, das Phänomen nicht ausreichender schulischer Leistungen entsprechend der Mindestleistungsanforderungen in Grund- und Hauptschulen bzw. entsprechenden Schularten in der Sekundarstufe I (Regionalschule, Gemeinschaftsschule, Gesamtschule) zu beschreiben: Lernschwierigkeiten, Lernbeeinträchtigungen, Lernstörungen, Lernbehinderung, sonderpädagogischer Förderbedarf mit dem Förderschwerpunkt Lernen bzw. sonderpädagogisch förderbedürftig im Förderschwerpunkt Lernen, Beeinträchtigungen des Lern- und Leistungsverhaltens, insbesondere des schulischen Lernens, Schulversagen – Schulabgänger ohne Hauptschulabschluss, Klassenwiederholer, schwache Lerner, par-

tielle bzw. generelle Lernstörungen, -schwächen oder -schwierigkeiten, Leserechtschreibstörung, -schwäche oder -schwierigkeit, Legasthenie, Rechenstörung, -schwäche oder -schwierigkeit, Dyskalkulie.
Die Liste verwendeter Begriffe ließe sich fortsetzen. Hinter dieser Vielfalt von Begriffen stehen neben unterschiedlichen Ausprägungen von deutlichen Schulleistungsrückständen gegensätzliche oder zumindest mehr oder minder unterschiedliche Auffassungen über Erscheinungsbilder und Ursachen von schulischen Minderleistungen. Mit diesen Auffassungen korrespondieren unterschiedliche Konzepte der Diagnostik und Förderung. Ausführliche Ausführungen zu verwendeten Terminologien finden sich bei Schröder (2000), Kanter (2001) oder Klauer und Lauth (1997). Gegenwärtig findet man in der einschlägigen Fachliteratur vorwiegend folgende Begriffe:
- Leserechtschreibschwierigkeiten, Leserechtschreibschwäche, Leserechtschreibstörung (bzw. analog einzeln aufgeführt Lese- bzw. Rechtschreibschwierigkeiten, -schwäche, -störung), Legasthenie,
- Rechenschwierigkeiten, Rechenschwäche, Rechenstörung, Dyskalkulie,
- Kombinierte Leserechtschreib- und Rechenschwierigkeiten, -schwäche, -störung bzw. kombinierte Schulleistungsschwierigkeiten, -schwächen, -störung,
- Lernbehinderung und sonderpädagogischer Förderbedarf mit dem Förderschwerpunkt Lernen.

Betrachtet man diese Begriffe, fällt auf, dass sie unterschiedlich schwerwiegende, umfangreiche oder andauernde Phänomene beschreiben. Die Begriffe Schwierigkeit, Schwäche, Störung und Behinderung bzw. sonderpädagogischer Förderbedarf implizieren unterschiedliche Schweregrade einer schulischen Problematik. Eine Rechenstörung oder Leserechtschreibstörung umfasst einen geringeren Bereich aller schulischen Anforderungen als z.B. eine kombinierte Schulleistungsstörung oder eine Lernbehinderung. Eine Lernschwierigkeit gilt als in ihrer Dauer begrenzt (außer sie markiert den Beginn einer abweichenden Entwicklung im schulischen Lernen), während eine Lernstörung oder eine Lernbehinderung lang andauernde Minderleistungen im schulischen Lernen beschreibt und das Unterschreiten von Mindestanforderungen in der Grundschule und Haupt- bzw. Regionalschule implizieren. Damit zeigt sich in der Fachdiskussion ein Trend zu Begriffen, die ein Kontinuum unterschiedlich schwerwiegend ausgeprägter Minderleistungen in der Schule beschreiben.

Klauer und Lauth (1997) sprechen sich für eine dimensionale und damit graduelle Unterscheidung von Lernbeeinträchtigungen auf den Achsen Zeit (von eher vorübergehend bis eher überdauernd) und Umfang (bereichsspezifisch bis umfassend allgemein) aus. Durch eine dimensionale Begriffsperspektive sollen die Schwächen einer verwirrenden typologischen Begriffsbildung gemindert werden. Als Hauptschwächen typologisierender Begriffsbestimmungen gelten
- unklare Grenzen zwischen einzelnen Klassen,
- eine unübersichtlich hohe Anzahl von möglichen Typen,
- eine fehlende Relevanz der definierten Zielgruppen im Hinblick auf Diagnostik und Förderung.

Unterstützt wird die Position von Klauer und Lauth durch die aktuelle Fachdiskussion über Leserechtschreib- sowie Rechenstörungen. Hier findet immer deutlicher eine Abkehr von den typologisierenden Begriffen Legasthenie und Dyskalkulie statt, und damit von einer Sichtweise, die die Gruppe der Kinder mit Leserechtschreib- bzw. Rechenschwierigkeiten in „Quasi-Kranke" und Kinder mit geringer Intelligenz unterteilt. Die Entstehung mehr oder minder deutlicher Minderleistungen im Lesen, Schreiben oder Rechnen wird vermehrt als multifaktoriell beeinflusster Entwicklungsprozess aufgefasst und nicht als weitgehend unausweichlich determinierte Krankheitsgeschichte.

Der hier nur kurz skizzierte Wandel im Verständnis der Ursachen schulischer Minderleistungen wird im Abschnitt zum Thema „Welche Modelle erklären deutliche Schulleistungsunterschiede und Lernstörungen?" (Abschnitt 1.3) weitergehend erläutert. Im Kontext des Themas „Welchen Störungen soll vorgebeugt werden?" ist einleitend festzuhalten:
- Die Vielfalt der Begriffe zur Beschreibung von schulischen Minderleistungen im absichtsvollen curricular gesteuerten Lernen ist eher verwirrend als klärend. Eine fachlich allseits akzeptierte Terminologie zur Bestimmung von Zielgruppen sonderpädagogischer Förderung im Schwerpunkt Lernen liegt nicht vor.
- Statt für typologisierende Begriffsbestimmungen sprechen verschiedene Argumente und Forschungsergebnisse für eine dimensional

orientierte Beschreibung von schulischen Minderleistungen auf den Achsen Zeit und Umfang.

- Das Phänomen unterschiedlich andauernder und umfänglicher schulischer Minderleistungen lässt sich am zutreffendsten durch Modelle erklären, die von einer multifaktoriellen Bedingtheit von Schulleistungen und abweichendem Leistungsverhalten in der Schule ausgehen und diese als sich entwickelnde Phänomene auffassen (entwicklungsorientierte Sichtweise). Im Kontext von schulischer Prävention ist diese Sichtweise besonders relevant, weil Schulleistungen und Schulleistungsdefizite hiernach als beeinflussbar angesehen werden und nicht als durch bestimmte Anlagekomponenten eng determiniert. Anlagekomponenten werden in einer entwicklungsorientierten Perspektive als durchaus einflussreich angesehen und können bei entsprechenden Ausprägungen einen Risikofaktor darstellen.

Vor dem Hintergrund dieser grundsätzlichen Überlegungen werden im Folgenden einige gängige Begriffsbestimmungen wiedergegeben und erläutert. Hierbei wird jeweils von eher traditionellen typologisierenden Begriffen ausgegangen und diesen eine eher dimensionale und entwicklungsorientierte Sichtweise gegenübergestellt. Die Kenntnis traditioneller typologisierender Begriffe ist insbesondere auch aus folgendem Grund relevant. Eine Vielzahl von Studien zum Vorkommen und zur Häufigkeit von schulischen Minderleistungen und deren Ursachen basieren auf traditionellen Begriffen und damit verbundenen Kriterien zur Bestimmung der Zugehörigkeit zu einer Personengruppe. Insofern müssen die Begriffsbestimmungen bekannt sein, um Angaben zur Häufigkeit und Ursachen angemessen interpretieren zu können.

Lernstörungen in internationalen Klassifikationssystemen

Zentrale Bezugspunkte üblicher Definitionen für *Lernschwächen- bzw. -störungen* sind die ICD-10 (Internationale statistische Klassifikation der Krankheiten und verwandter Gesundheitsprobleme, Dilling, Mombour & Schmidt, 1991) der Weltgesundheitsorganisation (WHO) und das DSM-IV (Diagnostisches und Statistisches Manual psychischer Störungen) der amerikanischen psychologischen Gesellschaft (APA).

Im „Diagnostischen Manual psychischer Störungen" (DSM-IV) findet sich der auch in der ICD-10 vertretene diagnostische Standpunkt: Lernstörungen werden diagnostiziert, wenn die Leistungen einer Person im Lesen, Rechnen oder im schriftlichen Ausdruck bei individuell durchgeführten standardisierten Tests wesentlich unter den Leistungen liegen, die aufgrund der Altersstufe, der Schulbildung und des Intelligenzniveaus zu erwarten wären. Die Lernprobleme beeinträchtigen deutlich die schulischen Leistungen oder die Aktivitäten des täglichen Lebens, bei denen Lese-, Rechen- und Schreibfähigkeiten benötigt werden (Saß, Wittchen, Zaudig & Houben, 2003). Lernstörungen werden als umschriebene Phänomene angesehen, weil sich die Schwierigkeiten im Lesen, Schreiben und Rechnen innerhalb einer sonst unauffälligen Entwicklung zeigen.

Leserechtschreibschwäche bzw. Leserechtschreibstörung und angrenzende Begriffe

Seit den 70er Jahren des vorigen Jahrhunderts gibt es in den Bundesländern Erlasse und Verordnungen, die die schulische Förderung von Kindern regeln, die das Lesen und die Rechtschreibung nur mit großer Mühe erlernen und bei denen in anderen Lernbereichen vergleichbare deutliche Schwierigkeiten nicht auftreten. Die in den Regelungen avisierte Förderung beinhaltet im Wesentlichen Differenzierung im Deutschunterricht, zusätzlichen Förderunterricht und einen Nachteilsausgleich bei der Leistungsbewertung. Die Regelungen der Bildungsministerien gehen seit den 70er Jahren von einem krankheitsähnlichen Zustandsbild „Legasthenie" oder „Leserechtschreibstörung" (LRS) aus (Scheerer-Neumann, 2008, S. 165). Zentral für die Diagnose „Legasthenie" oder „LRS" ist das Vorliegen einer Diskrepanz zwischen den schwachen Leserechtschreibleistungen und übrigen Schulleistungen sowie den intellektuellen Fähigkeiten des Kindes. Operational wurde diese Diskrepanz als Differenz der erzielten Standardwerte (meist T-Werte) in einem normierten Lese- und Rechtschreibtest und einem Intelligenztest definiert. Überstieg die Höhe der Differenz einen bestimmten Wert, gilt das Diskrepanzkriterium als erfüllt. In den Bundesländern und in der Fachliteratur schwanken die Angaben zur Höhe der notwendigen Differenz zwischen ein bis zwei Standardabweichungen. Mit anderen Worten: Differieren die Ergebnisse des Schulleistungstests und des Intelligenztests um mindestens 10, meist 15 T-Wert-Punkte (eine Standardabweichung auf der T-Wert-Skala umfasst 10 T-Wert-Punkte), kann eine Legasthenie oder LRS förmlich festgestellt werden. Die Diskrepanz zu weiteren Schulleistungen wurde in der Praxis meist nicht operational definiert. Traditionell fanden LRS-Untersuchungen frühestens zu Beginn des dritten Schuljahres statt.

Mit den geschilderten Regelungen entsprechen die vorliegenden LRS-Erlässe weitgehend den Diagnosekriterien der ICD-10. Dort wird zwischen einer Lese- und Rechtschreibstörung (F 81.0) und Rechtschreibstörung (F 81.1) unterschieden. Neben dem Diskrepanzkriterium gelten als weitere Diagnosekriterien:
- Vorliegen so deutlicher Lese- bzw. Rechtschreibschwierigkeiten, dass sie sich insgesamt deutlich negativ auf die schulischen Leistungen auswirken,
- ein sehr fehlerhaftes Lesen mit Auslassen, Ersetzen, Verdrehen und Hinzufügen von Wörtern oder Wortteilen sowie Vertauschen von Buchstaben in Wörtern oder Wörtern im Satz,
- eine sehr niedrige Lesegeschwindigkeit, Startschwierigkeiten beim Vorlesen, langes Zögern,
- Schwierigkeiten beim lautgetreuen Schreiben und lang anhaltende Schwierigkeiten beim regelgeleiteten Schreiben (z. B. Groß- und Kleinschreibung oder Schreibungen von Kurz- und Langvokalen),
- ein beeinträchtigtes Leseverständnis.

Eine isolierte *Rechtschreibstörung* liegt vor, wenn das Lesen gelingt, aber die angeführten Kriterien in Bezug auf die Rechtschreibung erfüllt sind. Bei der Diagnose Legasthenie oder LRS bzw. isolierte Rechtschreibstörung sind eine geistige Behinderung, eine Sehstörung, eine erworbene Hirnschädigung oder hirnorganische Krankheit sowie eine unangemessene, offensichtlich ungenügende Beschulung auszuschließen.

Da eine geistige Behinderung erst bei einem Intelligenzquotienten (IQ) kleiner 70 attestiert wird, kann eine LRS oder eine Rechtschreibstörung auch bei unterdurchschnittlichen IQ-Werten (70–85) vorliegen. Dieser Fall tritt allerdings nur extrem selten auf, da das Diskrepanzkriterium beim Vorliegen niedriger Intelligenztestwerte selten erfüllt wird. Rechnet man beispielsweise den IQ-Wert 85 in einen T-Wert um, beträgt dieser 40 T-Wert-Punkte. Das gängige Diskrepanzkriterium wäre erst bei einem T-Wert von 25 in einem Schulleistungstest erfüllt, bei einer Verwendung von einer Standardabweichung als kritische Differenz bei einem T-Wert von 30. Solche niedrigen Ergebnisse im Schulleistungstest kommen in der Praxis kaum vor, bzw. die Skalen der Tests enden meist mit der Angabe, die gemessene Leistung liegt unterhalb eines T-Wertes von 30. Ein solches Ergebnis kommt bei Testverfahren nur bei 2 % aller Schüler vor. Deshalb differenzieren Schulleistungstests unterhalb des T-Wertes von 30 im Ausmaß der schulischen Minderleistung im Allgemeinen nicht, denn das Ergebnis ist bereits eindeutig: Das Kind weist gravierende Schulleistungsrückstände auf.

Wesentliche Kritikpunkte an der Diskrepanzdefinition und damit verbundener Regelungen sind:
- Kinder mit Schwierigkeiten im Lesen und Rechtschreiben benötigen Förderung, unabhängig davon, ob sie das Diskrepanzkriterium erfüllen oder nicht.
- Eine Unterteilung der Gruppe der Kinder mit Leserechtschreibschwierigkeiten in LRS- bzw. legasthene Kinder und leserechtschreibschwache Lerner mit niedrigen IQ-Werten hat keinen Nutzen für die Förderung. Inhaltlich und methodisch-didaktisch ist die notwendige Lese- und Rechtschreibförderung gleich zu gestalten.
- Das Diskrepanzkriterium ist aufgrund von Fehlerwahrscheinlichkeiten bei Testungen zweifelhaft. Genau genommen ist das entscheidende Messergebnis eines Tests nicht der gemessene Wert, sondern ein definierter Bereich, in dem mit einer bestimmten Wahrscheinlichkeit (meist 95 %-igem Wahrscheinlichkeitsniveau) der wahre Wert liegt. Deshalb finden sich bei qualitativ hochwertigen Schulleistungstests und Intelligenztests in den Manualen Angaben zu Vertrauensbereichen, also zu den Werten, unter denen der wahre Wert mit 95 %-iger Wahrscheinlichkeit zu finden ist. Das Ausmaß der „wahren Diskrepanz" ist also mit Testverfahren nur bedingt zu erfassen.
- Das Festhalten an der Diskrepanzdefinition verhindert frühe präventive Hilfen, da eine systematische LRS-Förderung erst dann startet, wenn die Leistungsrückstände ein schwerwiegendes Ausmaß angenommen haben. Letztlich handelt es sich beim Diskrepanzmodell

um einen „wait-to-fail" Ansatz: die spezifische Förderung setzt erst ein, wenn das Kind bereits eine Störung entwickelt hat.

- Sowohl die Lese- und Rechtschreibleistungen als auch die Intelligenz eines Kindes sind durch spezifische Förderung zu erhöhen. Folgt man der Logik des Diskrepanzmodells, müsste bereits nach Anfangserfolgen einer LRS-Förderung die Förderung aussetzen, da das Diskrepanzkriterium nicht mehr erfüllt wird. Oder man müsste mit einer LRS-Förderung beginnen, nachdem eine Förderung der Intelligenz zu besseren Intelligenztestergebnissen führt. Beide Vorgehensweisen sind pädagogisch nicht zu vertreten, verdeutlichen aber in ihrer Absurdität die Notwendigkeit von Förderung für alle leserechtschreibschwachen Kinder unabhängig von IQ-Werten.
- Internationale Forschungsergebnisse über die Ursachen von deutlichen Minderleistungen im Lesen und Rechtschreiben sprechen gegen eine hohe Bedeutung von allgemeinen intellektuellen Fähigkeiten für den Erwerb der Schriftsprache. Stattdessen wurden spezifische Prädiktoren der Lese- und der Rechtschreibleistung ermittelt, wie beispielsweise die phonologische Bewusstheit oder die visuelle Aufmerksamkeit. Diese Fähigkeiten variieren bei Kindern relativ unabhängig von der allgemeinen intellektuellen Leistungsfähigkeit. Leserechtschreibschwache Kinder mit niedrigen IQ-Werten weisen weitgehend die gleichen ungünstigen Lernvoraussetzungen für den Erwerb der Schriftsprache auf, wie leserechtschreibschwache Kinder mit zumindest durchschnittlichen IQ-Werten. Sie benötigen folglich die gleichen Fördermaßnahmen (s. Kapitel 4).

Resümierend ist festzuhalten, dass die Klassifikation nach ICD-10 und DSM IV und entsprechender Erlasse nicht mehr dem aktuellen Forschungsstand über Ursachen sowie Diagnostik und Förderung bei deutlichen Schwierigkeiten im Lesen und Rechtschreiben entsprechen. Gleiches gilt für analoge Regelungen nach dem Kinder- und Jugendhilfegesetz (KJHG, § 35a), die eine außerschulische LRS-Therapie ebenfalls vom Vorliegen einer deutlichen Diskrepanz zwischen Werten im Intelligenztest und Schulleistungstest abhängig machen.

Aufgrund der angeführten Forschungsergebnisse und Argumente wird hier die Auffassung vertreten, dass alle Kinder mit deutlichen Schwierigkeiten im Lesen und Rechtschreiben unabhängig von ihrer intellektuellen Leistungsfähigkeit als leserechtschreibschwach oder als Kinder mit einer Leserechtschreibstörung anerkannt werden und eine entsprechende Förderung bzw. einen Nachteilsausgleich erhalten sollten.

Im letzten Kapitel dieses Buches wird ein Vorschlag zur Früherkennung betroffener Kinder im Anschluss an den US-amerikanischen Response to Intervention (RTI)-Ansatz darstellt. Dieses Vorgehen berücksichtigt die angeführten Kritikpunkte an dem Diskrepanzmodell und beinhaltet eine Antwort auf die Frage, wie dem Kontinuum unterschiedlich ausgeprägter Leserechtschreibschwächen bzw. von Rechtschreibschwächen pädagogisch angemessen entsprochen werden kann. Innerhalb des RTI-Ansatzes werden alle Kinder mit Auffälligkeiten in einem LRS-Screening oder in regelmäßig stattfindenden Schulleistungstests oder Curriculum basierten Kurztests genauer in ihrer Leistungsentwicklung beobachtet und bei ausbleibenden Lernerfolgen frühzeitig gezielt präventiv gefördert. Um dem Kontinuum unterschiedlicher Förderbedarfe zu entsprechen, findet die Förderung auf drei Präventionsebenen statt.

Zur Beschreibung unterschiedlich stark ausgeprägter Förderbedarfe im Lesen und Rechtschreiben wird vorgeschlagen, Kinder mit niedrigen Leistungen im Lesen und Rechtschreiben als leserechtschreibschwach zu bezeichnen und entsprechend ihres Förderbedarfs zu fördern. Der Schweregrad und das Erscheinungsbild der Leserechtschreibschwäche sollte im Einzelfall differenziert mit Hilfe von quantitativen und qualitativen Untersuchungsergebnissen beschrieben werden. Je deutlicher die Leistungsrückstände ausgeprägt sind, umso gezielter und intensiver sollte die Förderung gestaltet werden. Die Bezeichnungen Leserechtschreibschwäche oder Rechtschreibschwäche sollte bereits ab einen Prozentrang kleiner 25 in einem einschlägigen Schulleistungstest und als Indikationsmarke für präventive Förderung gelten. Dies ist dem Umstand geschuldet, dass in den PISA-Studien 2000 und 2006 ca. ein Viertel der untersuchten Jugendlichen deutliche Leistungsrückstände im Lesen und in der Rechtschreibung aufwiesen (Baumert et al., 2001; Prenzel et al., 2007).

Rechenschwäche bzw. Rechenstörung und angrenzende Begriffe

Anders als im Leserechtschreibbereich fanden Bestimmungen zur Förderung von Schülerinnen und Schülern mit deutlichen Schwierigkeiten im Rechnen, bei denen in anderen Fächern kaum Schwierigkeiten auftraten, erst relativ spät Eingang in die Erlasslage von Bundesländern. Die definitorische Problematik und die damit verbundenen Schwierigkeiten der Bestimmung der Zielgruppe schulischer Prävention im Bereich Rechnen entspricht strukturell weitgehend der Problematik der Zielgruppenbestimmung im Leserechtschreibbereich. Die Diagnose „Dyskalkulie" bzw. „Rechenstörung" wird traditionell mit dem Vorliegen einer Diskrepanz zwischen den eher geringen Fähigkeiten im Rechnen, den besser ausgeprägten übrigen Schulleistungen sowie der Intelligenz des Kindes begründet. Analog zum Vorgehen bei der LRS-Diagnostik wird bei der Prüfung der Frage, ob bei einem Kind eine Rechenstörung vorliegt, ein Intelligenztest und Rechentest durchgeführt. Übersteigt die differierende Punktzahl zwischen beiden Testergebnissen einen vorab festgelegten Wert, gilt das betreffende Kind als Schülerin bzw. Schüler mit einer Rechenstörung. Meist wird die kritische Differenz zwischen den Testergebnissen in T-Werten (eine der üblichen Standardskalen zur Abbildung von Testergebnissen, s. o.) ausgedrückt. Überwiegend werden T-Werte-Differenzen von 15 T-Wert-Punkte (= 1,5 Standardabweichungen, s. o.) zur operationalen Definition des Diskrepanzkriteriums herangezogen.

Die ICD-10 benennt unter dem Punkt F 81.2 mehrere weitere Diagnosekriterien einer Rechenstörung:

- „Ein Unvermögen, die bestimmten Rechenoperationen zugrunde liegenden Konzepte zu verstehen;
- ein Mangel im Verständnis mathematischer Ausdrücke oder Zeichen;
- ein Nicht-Wiedererkennen numerischer Symbole;
- eine Schwierigkeit, unsere Standard-Rechenschritte auszuführen;
- eine Schwierigkeit im Verständnis, welche Zahlen für das in Betracht kommende arithmetische Problem relevant sind;
- Schwierigkeiten, Zahlen in die richtige Reihenfolge zu bringen oder Dezimalstellen oder Symbole während des Rechenvorgangs einzusetzen;

- mangelnder räumlicher Aufbau von Berechnungen und
- eine Unfähigkeit, das Einmaleins befriedigend zu lernen" (Dilling, Mombour & Schmidt, 1991, S. 261 f.).

Es gelten die gleichen Ausschlusskriterien wie bei der Feststellung von LRS (s. o.).

Die bereits im Kontext LRS aufgeführten Kritikpunkte am Diskrepanz-Ansatz gelten analog auch im Kontext Rechenstörung. Diese Aussage ist für die meisten der angeführten Kritikpunkte argumentativ gut nachzuvollziehen. Besonderer Klärungsbedarf besteht allerdings zu der Frage, weshalb auch in diesem Zusammenhang davon auszugehen ist, dass Kinder mit einer niedrigen Intelligenz und niedrigen Leistungen im Rechnen ebenfalls als rechenschwach anzusehen sind und ein Anrecht auf besondere Hilfen haben, die schwachen Rechenleistungen nicht nur als Folgeerscheinung einer niedrigen intellektuellen Leistungsfähigkeit anzusehen sind.

Forschungsergebnisse über den Zusammenhang von Intelligenz und Rechenleistung weisen eher auf einen mäßigen Zusammenhang zwischen diesen beiden Personenmerkmalen hin. Die intellektuelle Leistungsfähigkeit steht zwar in einem messbaren Zusammenhang mit den Leistungen in Arithmetik, wesentlich höher ist allerdings der Zusammenhang der Rechenleistungen mit dem mathematischen Vorwissen der Kinder. So konnten Krajewski und Schneider (2006) nachweisen, dass ein Viertel der Unterschiede in den Mathematikleistungen am Ende der vierten Klasse bereits durch *vorschulisch* vorhandene bzw. nicht vorhandene Mengen-Zahlen-Kompetenzen erklärt werden können. Letztlich weisen mittlerweile eine Vielzahl von Forschungsergebnissen auf die besondere Bedeutung vorschulisch entstandener und der in der schulischen Eingangsstufe vermittelten mathematischen Kompetenzen für die Entwicklung von komplexen arithmetischen Fähigkeiten hin (Krajewski & Schneider, 2006; Weißhaupt, Peucker & Wirtz, 2006; Moser-Opitz, 2007). Rechenschwachen Viertklässlern mangelt es unabhängig von ihrer Intelligenzentwicklung an arithmetischen Basiskompetenzen. Arithmetische Basiskompetenzen wie beispielsweise die Kenntnis der exakten Zahlenfolge, die Fähigkeit die Mächtigkeit von Mengen bis hin zu 10 Elementen festzustellen oder Mengen in Teilmengen zu zerlegen, sind notwendige Voraussetzungen für die Bewältigung schulischer Anforderungen in der Grundschule. Die Ausprägung dieser Basiskompetenzen variiert relativ unabhängig von der allgemeinen intellektuellen Leistungsfähigkeit. Rechenschwache Kinder mit niedrigen IQ-Werten weisen also weitgehend das gleiche gering ausgeprägte mathematische Vorwissen auf, wie rechenschwache Kinder mit eher durchschnittlichen IQ-Werten. Zudem benötigen rechenschwache Kinder mit niedrigen IQ-Werten die gleichen Fördermaßnahmen wie in ihrer Intelligenz unauffällige rechenschwache Kinder. Insofern ist das Diskrepanzkriterium und die damit verbundene Unterteilung der Gruppe von Kindern mit deutlichen Schwierigkeiten beim Erwerb arithmetischer Kompetenzen in intelligente und weniger intelligente rechenschwache Kinder förderpädagogisch nicht hilfreich. Analog zu der bereits im Kontext LRS geäußerten Auffassung sollten Kinder mit deutlichen Schwierigkeiten im Rechnen unabhängig von ihrer intellektuellen Leistungsfähigkeit gefördert werden (s. hierzu auch das fünfte Kapitel über die Förderung nach dem RTI-Ansatz). Der Schweregrad und das Erscheinungsbild der Rechenschwäche sollte dabei im Einzelfall differenziert beschrieben werden. Für die Förderung des Kindes sollte ein Kontinuum an Fördermaßnahmen bereitstehen, auf dessen Basis für das Kind eine adaptive Förderung entworfen und umgesetzt wird. Je deutlicher die Rechenschwäche ausgeprägt ist, umso weniger basale mathematische Basiskompetenzen beim Kind vorhanden sind, umso spezifischer, expliziter und intensiver sollte die Förderung ausfallen. Ebenso wie für den LRS-Bereich wird vorgeschlagen, ein Kind, das wiederholt im einschlägigen Testverfahren Ergebnisse im unteren Quartil zeigt, als rechenschwach anzusehen und Fördermaßnahmen entsprechend der Ausprägung der Rechenschwäche einzuleiten. Dieser hohe Grenzwert zur Indikation präventiver Hilfen ist dem Umstand geschuldet, dass in Deutschland laut PISA 2000 und 2006 ca. ein Viertel aller getesteten 15-Jährigen zur Risikogruppe im Bereich mathematische Grundbildung zählen (Baumert et al., 2001; Prenzel et al., 2007).

Kombinierte Leserechtschreib- und Rechtschreibschwäche bzw. kombinierte Störungen schulischer Leistungen

In der ICD-10 wird neben der Leserechtschreibstörung, Rechtschreibstörung und Rechenstörung eine kombinierte Schulleistungsstörung (F 81.3) angeführt. Sie liegt hiernach bei gravierenden Schwierigkeiten beim Lesenlernen, beim Erlernen der Rechtschreibung als auch des Rechnens vor, wenn die Leistungen eindeutig unter dem aufgrund des Alters und der Intelligenz und der Beschulungsform zu erwartenden Leistungsniveaus liegen. Es müssen die gleichen ICD-10-Kriterien erfüllt sein, wie bei der Feststellung einer LRS und einer Rechenstörung. Zudem gelten die gleichen Ausschlusskriterien wie bei den genannten Störungen. Da es sich um das gleichzeitige Auftreten von zwei umschriebenen Entwicklungsstörungen handelt, gelten die bisherigen Aussagen zu den einzelnen Störungsbildern auch für deren gleichzeitiges Auftreten.

Innerhalb des deutschsprachigen Raumes besteht das Problem der Abgrenzung der Diagnose „Kombinierte Störung schulischer Leistungen" von der schulpädagogisch relevanten Diagnose „Schülerin bzw. Schüler mit sonderpädagogischen Förderbedarf im Förderschwerpunkt Lernen". Letztere setzt traditionell einen IQ-Wert im Bereich 85 bis 70 sowie schwerwiegende umfassende Schulleistungsrückstände voraus. Da innerhalb der ICD-10-Systematik als Ausschlusskriterium einer umschriebenen Schulleistungsstörung eine geistige Behinderung gilt, diese aber frühestens bei einem IQ-Wert kleiner 70 vorliegt, entstehen zwei sich überschneidende Gruppen von Kindern bzw. unterschiedliche Zielgruppen von Förderung laut ICD-10, und laut Schulgesetzgebung: Kinder mit einer kombinierten Schulleistungsstörung mit eher durchschnittlicher Intelligenz (IQ-Wert ≥ 85) und Kinder mit einer kombinierten Schulleistungsstörung und niedrigen Intelligenztestwerten (IQ-Werte von 70 bis 84). Eine solche Unterteilung aufgrund von Intelligenzwerten ist aufgrund bereits angeführter Argumente genauso wenig relevant für die Förderung betroffener Kinder im Lesen, Schreiben und Rechnen wie die Erfüllung des Diskrepanzkriteriums. Die Wahrscheinlichkeit, dass das Diskrepanzkriterium erfüllt wird, sinkt mit abnehmenden IQ-Werten. Erhalten nur Kinder Förderung, die aufgrund der Diskrepanzdefinition eine kombinierte Schulleistungsstörung aufweisen, kommt dies einer strukturellen Benachteiligung der Kinder mit niedrigen IQ-Werten gleich. Statt dass Kinder mit Lernschwächen und niedrigen IQ-Werten gezielt präventive spezifische Hilfen erhalten, wird abgewartet, bis das Kind gescheitert ist. Dann wird ihm ein sonderpädagogischer Förderbedarf attestiert und das Kind wird mit hoher Wahrscheinlichkeit auf eine Förderschule umgeschult (nur 15 % der Kinder mit sonderpädagogischem Förderbedarf im Förderschwerpunkt Lernen wurden im Schuljahr 2007/08 integrativ beschult). Nach neueren Metaanalysen wirkt sich die Beschulung in der Förderschule für die Mehrzahl der untersuchten Kinder unter Schulleistungsgesichtspunkten ungünstig aus (Bless, 2000; Bless & Mohr, 2007). Diese Benachteiligung ließe sich durch die Aufgabe der Berücksichtigung von Intelligenzwerten bei der Indikation von präventiver (sonder-)pädagogischer Förderung in den Bereichen Lesen, Schreiben und Rechnen auflösen, indem jedes Kind mit Schwierigkeiten in einem oder mehreren der genannten Bereiche frühzeitige spezifische adaptive Lernhilfen erhält.

Hinsichtlich der Förderung der Gruppe der Kinder mit kombinierten Schulleistungsstörungen weist Lauth (2004) auf „drei Bedingungsmomente" (S. 56) hin, die es zu beachten gilt:
1. „Unzureichende (funktionale) Lernvoraussetzungen. Es liegen oft Ausführungsschwierigkeiten (etwa mangelnde Sprachkompetenz, mangelndes Arbeitsgedächtnis, unzureichende selektive Aufmerksamkeit, mangelnde Kapazität des semantischen Gedächtnisses, kognitive Entwicklungsverzögerungen) vor.
2. Unzureichende (metakognitive) Lernaktivitäten. Die Kinder erweisen sich vor allem als inaktive und ‚konzeptionslose' Lerner. Dies zeigt sich insbesondere, wenn sie es mit komplexeren Aufgaben, die Selbststeuerung, Selbstüberwachung, Planung und Anstrengungsregulation erfordern, zu tun haben ...
3. Unzureichende Wissensvoraussetzungen. Im Verlaufe der Lernstörung entstehen zunehmend größere, kumulative Lernrückstände ..., die ein eher zufälliges Lernverhalten („Overselection") begünstigen. ... Dies verbindet sich mit einem zumeist niedrigen Begabungsselbstbild und geringen Selbstwirksamkeitserwartungen ..." (S. 56 f.).

Das von Lauth beschriebene Erscheinungsbild des Kindes mit kombinierten Schulleistungsstörungen entspricht weitgehend dem Forschungs- und Diskussionsstand über besondere Merkmale von Schülerinnen und Schüler mit sonderpädagogischem Förderbedarf im Förderschwerpunkt Lernen. Dies kommt der Auffassung entgegen, dass die Gruppe der Kinder mit kombinierten Schulleistungsstörungen in ihrer Lernausgangslage zum erheblichen Teil der Lernausgangslage der Gruppe der Kinder mit sonderpädagogischem Förderbedarf im Förderschwerpunkt Lernen entspricht. Festzuhalten bleibt, dass in der Gruppe der Kinder mit kombinierten Schulleistungsstörungen neben einer spezifischen Leserechtschreib- und Rechenförderung häufig weitere Fördermaßnahmen indiziert sind, wie beispielsweise Aufmerksamkeits-, Sprach- und Gedächtnisförderung. Sollten die Werte eines betroffenen Kindes in einem Intelligenztest niedrig sein, wäre dies unter dem Anspruch spezifischer Förderung ein Hinweis auf die Notwendigkeit zur Durchführung eines Denktrainings (z. B. nach Klauer, 2007) und spezifischer Hilfen im Anfangsunterricht Deutsch und Mathematik, aber kein Hinweis auf die Notwendigkeit einer Umschulung auf eine Förderschule.

Lernbehinderung und sonderpädagogischer Förderbedarf mit dem Förderschwerpunkt Lernen

Im deutschsprachigen Raum ging man über mehrere Jahrzehnte davon aus, dass eine besondere – in sich relativ homogene – Gruppe von Schülerinnen und Schülern existiert, die eine intermediäre Stellung zwischen der Gruppe der normal entwickelten Schülerinnen und Schüler und der Gruppe der Kinder mit geistigen Behinderungen einnimmt. Für diese Gruppe finden sich in der Fachliteratur um das Jahr 1900 Begriffe wie „geistig Schwache und Stumpfsinnige" oder auch „Schwachsinnige" und „schwach befähigte Kinder". Im Verlauf des 20. Jahrhunderts entstand für diese Kinder eine eigenständige Schulform, die zunächst als Hilfsschule, später als Schule für Lernbehinderte und dann als allgemeine Förderschule bzw. Förderschule mit dem Förderschwerpunkt Lernen bezeichnet wurde. Die Gruppe, der in diesen Sonderschulen unterrichteten Schüler, wurde entsprechend der Bezeichnung der Schulform als Hilfsschüler, Lernbehinderte oder Förderschüler mit dem Förderschwerpunkt Lernen bezeichnet.

Die Notwendigkeit einer eigenen Schulform für „schwach befähigte", „schwachsinnige", „lernbehinderte" bzw. Schüler mit sonderpädagogischem Förderbedarf im Schwerpunkt Lernen wurde innerhalb schulrechtlicher Bestimmungen fortlaufend mit besonderen Defiziten betroffener Schüler begründet. Relativ durchgängig wurde über mehrere Jahrzehnte hinweg eine Gruppe von Schülern beschrieben, die eine Vielzahl von Beeinträchtigungen vorwiegend in psychischen Funktionen aufweist. Das Phänomen schwerwiegender, umfassender und lang anhaltender Schulleistungsrückstände wurde zunächst mit einem krankhaften Zustand erklärt, der medizinisch als „Schwachsinn" diagnostiziert wurde (Schröder, 2005, S. 15f.). Im Verlauf des 20. Jahrhunderts entstanden neben der Medizin weitere Wissenschaftsgebiete, die einen Beitrag zur Erklärung von deutlichen Schulleistungsrückständen leisteten. Die aufkommende Psychologie und mit ihr verbundene Methoden der Intelligenzdiagnostik stellte zunächst die Bedeutung intellektueller Fähigkeiten in den Fokus der Diskussion der Gründe für unterschiedliche Schulleistungen. In den 60er Jahren des vorigen Jahrhunderts ging man davon aus, dass man auf der Basis des gemessenen Intelligenzquotienten das schulische Leistungspotenzial eines Kindes vorhersagen könne. Als lernbehinderte Schüler wurden diejenigen Schüler bezeichnet, deren Schulleistungen sowohl in Deutsch und Mathematik gering ausgeprägt waren und deren gemessener IQ-Wert in einem Bereich zwischen 70 bis 85 IQ-Punkten lag. Bei gravierenden Schulleistungsrückständen in Deutsch und Mathematik (Testergebnissen mit einem Prozentrang kleiner 10) nach bereits erfolgten Rückstellungen und Klassenwiederholungen, wurde prognostiziert, dass ein erfolgreicher Besuch der Grundschule innerhalb von 6 Jahren nicht möglich sei, wenn

- ein IQ-Wert zwischen 70 und 85 und
- weitere Entwicklungsauffälligkeiten in Bereichen wie Sprache, Gedächtnis, Motorik, Arbeits- und Sozialverhalten vorlagen.

Die genannten Kriterien entsprechen einer relativ engen Definition einer Lernbehinderung. Diese Kriterien wurden in der Praxis regional mehr oder minder genau angewendet. Untersuchungen zur Beschreibung der Schülerschaft der Schule für Lernbehinderte zeigte, dass sich bei diesen Kindern und Jugendlichen nicht um die postulierte homogene Gruppe lernschwacher intelligenzgeminderter Schüler handelte, sondern um eine in ihren Lernvoraussetzungen eher heterogene Gruppe, deren gemeinsames Merkmal ein mehr oder minder ausgeprägtes Scheitern in schulischen Lernprozessen war (Kanter, 1970; Hartke, 1998a, S. 40 f.).

Am Ende der 60er Jahre und in den darauf folgenden Jahrzehnten setzten sich verschiedene sozialwissenschaftlich orientierte Erklärungsansätze für das Phänomen schwerwiegender, umfassender und lang anhaltender Schulleistungsrückstände durch (Hartke, 1998a, S. 36 ff.). Hierdurch wurde die Bedeutung von Umweltbedingungen für die schulische Entwicklung von Kindern und Jugendlichen betont. Als Gründe für das Scheitern in der Schule wurden benachteiligende gesellschaftliche soziale Verhältnisse und daraus resultierende ungünstige Lebensbedingungen für betroffene Familien und Kinder und Mängel des Unterrichts und der Institutionen des Bildungswesens vermehrt beachtet. Vor dem Hintergrund eines eher komplexen sozialwissenschaftlichen orientierten Verständnisses schulischer Minderleistungen und dem Postulat einer integrativen Schule wurde in den 90er Jahren der Begriff „Sonderpädagogischer Förderbedarf im Schwerpunkt Lernen" durch die Kultusministerkonferenz der Bundesländer (KMK) eingeführt. Der Begriff „Sonderpädagogischer Förderbedarf" entspricht weitgehend dem englischen Begriff „special educational needs", entsprechend der internationalen englischsprachigen Diskussion um sonderpädagogische Förderung, die Bedürfnisse (needs) beeinträchtigter Schülerinnen und Schüler in den Mittelpunkt pädagogischen Handelns stellt (Schröder, 2005). In England schließt den Begriff „special educational needs" ein relativ weites Spektrum an in Art und Umfang unterschiedlichen Förderbedürfnissen von Kindern und Jugendlichen ein. Das hat zur Folge, dass dort ca. jedes 6. Kind in variierender Form sonderpädagogische Hilfen erhält (Hausotter, 2009, S. 110). Kinder mit deutlichen Behinderungen (disabilities) gelten in England auch als Kinder mit sonderpädagogischem Förderbedarf, aber nur wenige der „children with special educational needs" gelten als behindert (2,7 % aller Schüler). Als Behinderung wird eine körperliche oder geistige Beeinträchtigung angesehen, die sich wesentlich und langfristig auf die Fähigkeit einer Person zur Ausübung normaler alltäglicher Aktivitäten auswirkt (Disability Discrimination Act, 1995). Special educational needs beziehen sich im

Wesentlichen auf Lern-, Sprach- und emotional soziale Schwierigkeiten von Schülern, die innerhalb der allgemeinen Schule behandelt werden. Kinder mit Behinderung werden in England ebenfalls mehrheitlich in der allgemeinen Schule gefördert.

In Deutschland wird der Begriff „Sonderpädagogischer Förderbedarf" wesentlich enger gefasst als in England. So werden, anders als international üblich, Kinder mit umschriebenen Schulleistungsstörungen im Sinne der ICD-10 (s. o.) nicht als sonderpädagogisch förderbedürftig angesehen. Innerhalb des deutschen Schulwesens gilt die Förderung von leserechtschreibschwachen und rechenschwachen Schülerinnen und Schülern als Aufgabe der allgemeinen Schule ohne Beteiligung von Sonderpädagogen. Mit der Feststellung eines „Sonderpädagogischen Förderbedarfs im Förderschwerpunkt Lernen" ist in Deutschland noch sehr oft die Aufnahme in eine Sonderschule verbunden. Auch deshalb werden hierbei die traditionellen Kriterien des frühen Sonderschulaufnahmeverfahrens zur Feststellung einer Lernbehinderung weiterhin berücksichtigt (s. o.).

Analysiert man die Empfehlungen der KMK zum Förderschwerpunkt Lernen von 1999 genauer, werden dort bei der Beschreibung der pädagogischen Ausgangslage betroffener Kinder und der Ermittlung des sonderpädagogischen Förderbedarfs eine Vielzahl von Aspekten benannt, die bereits bei der früheren Feststellung von Sonder*schul*bedürftigkeit bzw. von Lernbehinderung berücksichtigt wurden. Hiernach unterscheiden sich Kinder mit Sonderpädagogischem Förderbedarf im Förderschwerpunkt Lernen von ihren nicht betroffenen Altersgenossen in folgenden Punkten:
- Die Ziele und Inhalte der Lehrpläne der allgemeinen Schule werden nicht oder nur ansatzweise erreicht.
- Es liegen vielfach Beeinträchtigungen
  – in der Grob- und Feinmotorik,
  – in Wahrnehmungs- und Differenzierungsleistungen,
  – in der Aufmerksamkeit,
  – in der Entwicklung von Lernstrategien,
  – in der Aneignung von Bildungsinhalten,
  – in Transferleistungen,
  – im sprachlichen Handeln,
  – in der Motivation,

– im sozialen Handeln sowie
– im Aufbau von Selbstwertgefühl und einer realistischen Selbsteinschätzung vor (KMK, 2000, S. 300 f.).

Die Feststellung eines sonderpädagogischen Förderbedarfs setzt schwerwiegende Beeinträchtigungen voraus: „Sonderpädagogischer Förderbedarf" ist bei Kindern und Jugendlichen gegeben, die in ihrer Lern- und Leistungsentwicklung so erheblichen Beeinträchtigungen unterliegen, dass sie auch mit zusätzlichen Lernhilfen der allgemeinen Schule nicht ihren Möglichkeiten entsprechend gefördert werden können. Sie benötigen sonderpädagogische Unterstützung, um unter den gegebenen Voraussetzungen eine bestmögliche Förderung zu erfahren und eine entsprechende Bildung zu erwerben (S. 302). Die mit Hilfe der genannten Kriterien als sonderpädagogisch förderbedürftig identifizierte Gruppe von Schülerinnen und Schülern entspricht vermutlich weitgehend der traditionellen Schülerschaft der früheren Schule für Lernbehinderte, da im frühen Sonderschulaufnahmeverfahren gleiche Kriterien berücksichtigt wurden. Für diese Vermutung sprechen annähernd gleiche relative Häufigkeiten der Schülerinnen und Schüler mit sonderpädagogischem Förderbedarf im Vergleich mit früheren Angaben zur Häufigkeit von lernbehinderten Schülern (s. u.). Aktuelle populationsbeschreibende Studien liegen gegenwärtig nicht vor. Bei der „Schulischen Prävention" im Bereich Lernen geht es auch um die Vorbeugung von Sonderpädagogischem Förderbedarf sowie einer segregativen Beschulung in einer Förderschule mit dem Förderschwerpunkt Lernen.

1.2 Wie häufig kommen Lernschwächen bzw. Lernstörungen vor?

Geht man von 25 % schulleistungsschwachen Schülern aus, so sollten in einer Klasse mit 24 Schülern je 6 Schüler Förderung im Lesen, Schreiben und Rechnen erhalten. Hilfreich für die Abschätzung des Schüleranteils, bei denen eine intensive Lernförderung dringend geboten ist, bieten Studien zur Epidemiologie von Lernstörungen im Sinne der ICD-10. Angaben zur Häufigkeit einer Lernstörung sind aber auch bei einem solchen Vorgehen abhängig von der verwendeten Untersuchungsmethode und der, der jeweiligen Studie zugrunde liegenden operationalen Definition des untersuchten Phänomens. Der Umfang des Phänomens unterschiedlich schwerwiegender, anhaltender, umfangreicher schulischer Minderleistungen in einzelnen oder mehreren Leistungsbereichen ist zudem anhand weiterer Studienergebnisse abzuschätzen. Im Folgenden werden zunächst einige Angaben entsprechend der diskutierten traditionellen Zielgruppen aufgelistet und anschließend im Zusammenhang betrachtet und diskutiert.

Zur Häufigkeit von Leserechtschreibstörungen

- Leserechtschreibstörungen im Kindesalter im Sinne der ICD-10: 4–8 % (Plume & Warnke, 2007)
- Leserechtschreibschwäche im Jugend- und Erwachsenenalter im Sinne nicht ausreichender Fähigkeiten im Lesen und Schreiben, um alltägliche Anforderungen zu bewältigen: 5–10 % (Gasteiger-Klicpera & Klicpera, 2004, S. 47)
- Leseschwäche im Jugendalter im Sinne einer niedrigen Kompetenzstufe innerhalb der PISA-Studie: 23 % (Artelt, Schiefele, Schneider & Stanat, 2002)
- Komorbidität von LRS und einer Rechenstörung im Sinne der ICD-10: 33 % (Hasselhorn & Schuchardt, 2006)
- Komorbidität von LRS im Sinne der ICD-10 und psychische Auffälligkeiten: Kinder mit LRS weisen zumeist ein niedriges Selbstwertgefühl und ein geringes Selbstkonzept schulischer Fertigkeiten auf, ein Drittel bis zur Hälfte der in klinischen Einrichtungen vorgestellten hyperaktiven Kinder sind von einer LRS betroffen (Gasteiger-Klicpera & Klicpera, 2004)
- Vorkommen bei Jungen und Mädchen: Jungen sind von LRS häufiger betroffen als Mädchen (im Verhältnis 3:2)

Zur Häufigkeit von Rechenstörungen

- Rechenstörungen im Kindesalter im Sinne der ICD-10: 4–7 % (v. Aster, Schweiter & Weinhold-Zulauf, 2007)
- Leistungsrückstände in Grundschulklasse 4 im Umfang von 2 Schuljahren: ca. 20 % (Hasselhorn, Marx & Schneider, 2005)
- Rechenschwäche im Jugendalter im Sinne einer niedrigen Kompetenzstufe innerhalb der PISA-Studie: 24 % (Baumert et al., 2001)
- Komorbidität von Rechenstörungen und LRS im Sinne der ICD-10: ca. 50 %
- Komorbidität von Rechenstörungen im Sinne der ICD-10 und psychische Auffälligkeiten: ca. 33 % der Kinder mit einer Rechenstörung weisen ADS oder ADHS auf, Ängste und Depressionen sowie eine spezifische Mathematikangst kommen gehäuft vor (Simon & Grünke, 2010, S. 30)
- Vorkommen bei Jungen und Mädchen: Rechenschwäche tritt in Deutschland bei Mädchen etwas häufiger auf als bei Jungen (Lorenz, 2004)

Zur Häufigkeit von kombinierten Schulleistungsstörungen

- Kombinierte Schulleistungsstörungen im Sinne der ICD-10: ca. 3 %
- Vorkommen bei Jungen und Mädchen: Eine kombinierte Schulleistungsstörung tritt bei Jungen häufiger auf als bei Mädchen (Verhältnis 2 : 1) (Lauth, 2004, S. 56).

Zur Häufigkeit von Sonderpädagogischem Förderbedarf im Förderschwerpunkt Lernen

- Häufigkeit der Schülerinnen und Schüler mit Sonderpädagogischem Förderbedarf im Förderschwerpunkt Lernen laut Statistiken der KMK: 2,4 % (1994); 2,9 % (2002) der Schülerschaft der Primar- und der Sekundarstufe I
- Häufigkeit der Schülerinnen und Schüler in Förderschulen mit dem Förderschwerpunkt Lernen: 2,6 % (2002) (Kretschmann, 2007, S. 7)

- Vorkommen bei Jungen und Mädchen: 60 % der Schülerinnen und Schüler einer Förderschule mit dem Förderschwerpunkt Lernen sind Jungen
- Vorkommen bei Schülerinnen und Schüler mit Migrationshintergrund: 17,2 % bei 9,4 % ausländischen Kindern an der Gesamtschülerschaft
- Komorbidität von Sonderpädagogischem Förderbedarf im Förderschwerpunkt Lernen mit psychischen Auffälligkeiten: mit ca. 33 % verdoppelte Prävalenz psychischer Auffälligkeiten im Vergleich zu durchschnittlich begabten Schülerinnen und Schülern (es treten insbesondere Störungen des Sozialverhaltens, hyperkinetische Störungen und tiefgreifende Entwicklungsstörungen auf) (Grünke, 2004, S. 67).

Ergänzend ist anzumerken, dass innerhalb eines Schuljahres etwa 3 bis 4 % aller Schüler das Ziel der jeweiligen Klassenstufe nicht erreichen und diese wiederholen müssen. Aufgrund von Schätzungen wird angenommen, dass ca. 25 % aller Schülerinnen und Schüler während ihrer Schulzeit zumindest eine Klassenstufe wiederholen müssen. 9 % des Entlassungsjahrgangs des Schuljahres 2002/03 verließen die Schule zumindest ohne Hauptschulabschluss, wobei hiervon Jungen häufiger betroffen sind als Mädchen und Schülerinnen und Schüler mit Migrationshintergrund häufiger als Schülerinnen und Schüler ohne Migrationshintergrund. Die hier angegebenen Häufigkeiten beziehen sich auf Deutschland. Innerhalb Deutschlands bestehen hinsichtlich der gemachten Angaben deutliche regionale Unterschiede.

1.3 Welche Modelle erklären deutliche Schulleistungsunterschiede und Lernstörungen?

Für die Erklärung von deutlichen Schulleistungsunterschieden, insbesondere von niedrigen Schulleistungen und Lernschwächen, sind vorrangig zwei Richtungen in der (sonder-)pädagogischen und (sonder-)pädagogisch-psychologischen Forschung relevant. Verschiedene Autoren setzen sich grundsätzlich mit Bedingungsfaktoren schulischer Leistungsunterschiede auseinander und entwickeln hieraus Modelle, die Leistungsunterschiede erklären, eine Grundlage für Schulleistungsprognosen bieten sowie Ansatzpunkte für schulische Förderung herausarbeiten. Andere Wissenschaftler fokussieren das Phänomen Lernschwäche bzw. Lernstörung und formulieren spezifische Erklärungs- und Handlungsansätze für beispielsweise Leserechtschreib- oder Rechenschwäche. Im Folgenden wird die erstgenannte Richtung der Auseinandersetzung mit dem Phänomen deutliche schulische Minderleistungen dargestellt und diskutiert. Die Forschungsrichtung „spezifische Erklärungs- und Handlungsansätze" wird im vierten Kapitel aufgegriffen.

Die Forschung über Bedingungen von Schulproblemen hat eine hohe Anzahl von Faktoren ermittelt, die mit dem Auftreten von Schulproblemen im Zusammenhang stehen. Zum Zwecke der Übersicht und ohne Anspruch auf Vollständigkeit werden im Folgenden wesentliche Faktoren benannt und in drei Gruppen zusammengefasst (Brandstädter, 1982a, S. 277; Hartke, 2001):

- *Schülerspezifische Variablen:* Intelligenz, Vorwissen, somatische Merkmale (auditive, visuelle Wahrnehmung, Motorik), Sprache, Konzentration, Arbeitsverhalten, Leistungsmotivation, Metakognition, Gedächtnis, Interessen, Schulangst, Sozialverhalten, Einstellung zur Schule,
- *Variablen der familiären und sozialen Umwelt:* Erziehungsstil, Erwartungshaltung der Eltern, Eltern-Kind-Bindung, Anregung durch Spielsachen, Bücher, Modellverhalten der Eltern im kulturellen Bereich, Bildungsniveau und Einkommen der Eltern, Wohnraum, Geschwister, Verhältnis der Elternteile zueinander (broken home-Situation), Rollen und Interaktion in der Familie,
- *Schulische und unterrichtliche Variablen:* Unterrichtskonzept, Qualität des Unterrichts, Erziehungsverhalten der Lehrkraft, lernbegleitende Diagnostik und Differenzierung im Unterricht, verwendete Materialien und deren Vielfalt und Zugänglichkeit, Schulklima, curriculare Leistungsstandards, Einstellungen und subjektive Theorien von Lehrkräften.

Die Bedeutung der genannten Variablen für die Entstehung von unterschiedlichen Schulleistungen wird in der einschlägigen Fachliteratur kontrovers diskutiert. Betrachtet man empirisch ermittelte Zusammenhänge zwischen Einzelfaktoren und Schulleistung zeigt sich, dass fast alle der genannten Faktoren mehr oder minder mit den Schulleistungen von Kindern und Jugendlichen korrelieren. Zudem zeigt sich, dass zwischen den genannten Faktoren ebenfalls Zusammenhänge (Interaktionen) vorkommen. Keiner der genannten Faktoren konnte als der zentrale Faktor zur Erklärung von Schulleistungsunterschieden identifiziert werden. Es kommen zwar mittlere Korrelationen zwischen Ergebnissen in Schulleistungstests und Messergebnissen zu Bedingungsfaktoren der Schulleistung vor, aber zwischen keiner der gemessenen Variablen und den Schulleistungen besteht ein durchgängig (über mehrere Studien hinweg) hoher statischer Zusammenhang. Die gemessenen Korrelationen schwanken erheblich. Helmke und Weinert (1997) analysierten verschiedene Studien über den Einfluss von Bedingungen auf die Schulleistung. Unter Berücksichtigung der von ihnen mitgeteilten Ergebnisse und unter Einbezug weiterer Studien ergibt sich die folgende Reihung zentraler Einflussfaktoren:

- Vorwissen,
- Klassenführung und Unterrichtsqualität,
- Kognitive Merkmale/Intelligenz,
- Unterrichtsquantität,
- häusliche Umwelt.

Die Höhe einer Korrelation erlaubt die Abschätzung des Einflusses einer Variablen auf die andere. In diesem Zusammenhang ist der Begriff der Varianz und der Varianzaufklärung wichtig. Der Begriff Varianz bezeichnet im Kontext von Studien über die Verteilung von Merkmalsausprägungen in einer Untersuchungsgruppe ein Maß der Streuung. Die Höhe der Varianz (oder der Standardabweichung) gibt an, in welchem Ausmaß die Messergebnisse um den Mittelwert streuen – wie heterogen oder wie homogen die untersuchte Gruppe in Bezug auf das gemessene Merkmal ist. Mithilfe der Höhe der Korrelation lässt sich berechnen, wie hoch der Einfluss einer Bedingungsvariablen (z.B. Vorwissen) auf die Varianz der Bezugsvariablen (hier: Schulleistung) ist. Die Höhe des Einflusses lässt sich mit der Angabe der Varianzaufklärung durch die Bedingungsvariable veranschaulichen. So beträgt bei einer Korrelation $r = .5$ die Varianzaufklärung 25%, d.h., 75% der Unterschiede in der Bezugsvariablen (hier: Schulleistung) werden durch weitere Faktoren verursacht. Da die Höhe der Varianzaufklärung dem quadrierten Korrelationskoeffizienten entspricht, kann man erst ab Zusammenhängen von r > .7 von einem dominanten Faktor im Hinblick auf die Verursachung von Unterschieden in den Bezugsvariablen sprechen. Fände man eine Bedingungsvariable der Schulleistung mit r > .7, würde diese mehr als 50 % der Schulleistungsunterschiede in der Untersuchungsgruppe erklären. Solche Variablen sind bisher nicht bekannt. Die Variablen mit den höchsten Zusammenhängen mit der Schulleistung (Vorwissen, Unterrichtsqualität und Intelligenz) klären in der Regel jeweils etwa 16–25 % der Varianz von Schulleistungen auf.

Aus den bisherigen Erörterungen sind bereits mehrere Schlussfolgerungen zu ziehen:
- Schulleistungen unterliegen einer Vielzahl von Einflüssen.
- Unterschiede in Schulleistungen sind multifaktoriell bedingt.
- Der Einfluss einzelner Bedingungsfaktoren der Schulleistung ist eher gering und sollte nicht überschätzt werden. Dies gilt auch für den Faktor Intelligenz. Dessen Einfluss ist bedeutsam, aber bei weiterem nicht so stark, wie bislang angenommen. Es ist nicht möglich, aufgrund eines IQ-Wertes Schulleistungen vorherzusagen.
- Besonders bedeutsame Bedingungsfaktoren der Schulleistung sind das Vorwissen und die Intelligenz eines Kindes sowie die Unterrichtsqualität und -quantität.
- Der Einfluss einzelner Bedingungsfaktoren, wie z. B. häusliche Umwelt, Klassengröße oder Motivation, werden häufig überschätzt. Zwar können bestimmte Faktoren im Einzelfall eine besondere Rolle spielen, dennoch sollte die Stärke ihres Einflusses nicht aufgrund von einzelner Beobachtungen unzulässig generalisiert werden.
- Die Prognose zukünftiger Schulleistungen ist grundsätzlich schwierig, weil
  – im Einzelfall meist nicht alle relevanten Bedingungen bekannt sind,
  – sich Bedingungsfaktoren oft unvorhersehbar gegenseitig beeinflussen,
  – der Einfluss von Unterricht und Förderung bzw. deren Güte, Passung und Wirksamkeit schwer abzusehen ist,
  – Veränderungen einzelner Faktoren und deren Einfluss auf weitere Bedingungsfaktoren oft nicht vorhersehbar sind (z. B.: Familienverhältnisse, gesteigerte einzelne Fähigkeiten wie Sprache oder induktives Denken).

- Die bedeutsamsten Bedingungsfaktoren der Schulleistung sind durch pädagogische Handlungen beeinflussbar.
- Für frühe schwerwiegende, lange Zeiträume betreffende Schullaufbahnentscheidungen (wie die Umschulung auf eine Förderschule) gibt es keine ausreichende rationale Grundlage. Sowohl die Vorhersage von Schulerfolg als auch die von deutlichen schulischen Minderleistungen unterliegen hohen Fehlerwahrscheinlichkeiten aufgrund von zu geringen Kenntnissen über zukünftige Veränderungen in Bedingungsgefügen aufgrund von z. B. gesteigertem Vorwissen, Effekten eines Intelligenztrainings oder von Sprachförderung.
- Pädagogische Maßnahmen zugunsten des Schulerfolgs von schulisch gefährdeten Kindern und Jugendlichen sollten insbesondere auf eine Steigerung des Vorwissens, der Unterrichtsqualität und -quantität abheben, zudem ist eine Förderung von sprachlichen und intellektuellen Fähigkeiten wünschenswert.

Um gefährdete oder auch hochbegabte Schülerinnen und Schüler trotz der genannten Schwierigkeiten möglichst valide (präzise, fair) zu identifizieren und um ihnen angemessene schulische Bedingungen zu bieten, entstanden pädagogische Modelle zur Erklärung von Schulleistungsunterschieden. Diese Modelle setzen relevante Bedingungsfaktoren der Schulleistung in Beziehung zueinander, um Ansatzpunkte zur Erklärung von Schulleistungsunterschieden in einem Wirkungszusammenhang zu beschreiben, der eine verbesserte Identifikation schulisch gefährdeter Kinder und Jugendlicher erlaubt und die Planung von Förderung auf eine rationale Grundlage stellt. Die in der Fachliteratur diskutierten Modelle unterscheiden sich stark und ihr pädagogischer Nutzen, ihre Bedeutung für Diagnostik und Förderung sind unterschiedlich. Im Weiteren geht es um vier Modelle zur Erklärung von Schulleistungsunterschieden, die verschiedenen sozialwissenschaftlichen Erklärungsebenen zuzuordnen sind:
- Makroebene (Helmke, 2003)
  Berücksichtigung von historischen, demografischen, sozioökonomischen und schulsystemischen Einflüssen.
- Mittlere Ebene (Heller, 1998; Carroll, 1963)
  individuelle Persönlichkeitsmerkmale werden mit schulischen und sozialen Faktoren in Verbindung gebracht.

Welche Modelle erklären deutliche Schulleistungsunterschiede und Lernstörungen?

- Individualebene (Hartke, 2008) kognitionspsychologische Prozesse selbst- und fremd gesteuerten Lernens werden berücksichtigt.

Die genannten Modelle werden hier kurz erläutert und diskutiert.

Das Makromodell der Bedingungsfaktoren schulischer Leistungen nach Helmke (2003) bietet einen Überblick über schulisch relevante Faktoren. Zudem weist es auf Wechselwirkungen zwischen beispielsweise schulischen Leistungen sowie Prozessmerkmalen des Unterrichts oder des elterlichen Erziehungsverhaltens hin. Die bisher in diesem Abschnitt erörterten Sachverhalte werden auch durch Helmke bestätigt. Er geht auch von einer multiplen Bedingtheit schulischer Leistungen aus, wobei soziokulturelle Rahmenbedingungen, der Einfluss von Medien und Gleichaltrigen und Personenmerkmalen des Kindes sowie von Prozessmerkmalen von Unterricht und Erziehung besonders betont werden.

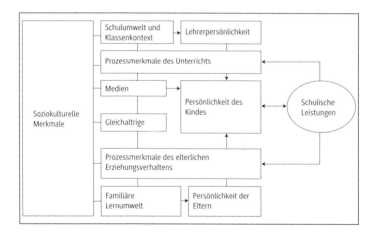

Abbildung 1: Makromodell der Bedingungsfaktoren schulischer Leistungen nach Helmke (2003, S. 30)

Heller (1998, S. 984) unterscheidet in seinem „Allgemeinen Bedingungsmodell für die Schulleistungsprognose" zwischen
- Prädiktoren (Vorwissen und kognitive Lern- und Denkfähigkeit),

37

- Bedingungsvariablen (familiäre und Peer-Sozialisationseinflüsse, konstitutionelle Entwicklungs- und Leistungsbedingungen) und
- Moderatoren (motivationale und nicht kognitive Persönlichkeitsmerkmale des Lernenden).

Zur Erläuterung ist in Abbildung 2 das Modell von Heller wiedergegeben.

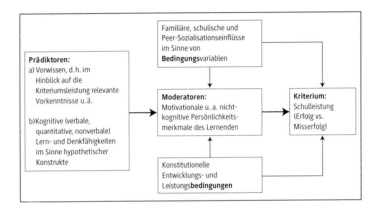

Abbildung 2: Allgemeines Bedingungsmodell für die Schulleistungsprognose nach Heller (1998, S. 984)

Allgemein wird von einer Interdependenz der hier genannten Variablen ausgegangen.

Erst durch die Berücksichtigung von Prädiktoren sowie Moderator- und Bedingungsvariablen gelingt eine zufriedenstellende, allerdings eher kurzfristig gültige Prognose des Schulerfolgs. Die prognostische Aussagekraft der genannten Variablen im Hinblick auf Schulleistungsprobleme unterliegt hiernach einer hierarchischen Abfolge: Prädiktoren, Moderatoren und Bedingungsvariablen. Aus pädagogischer Sicht stellt sich hier die Frage, ob die Bedeutung der Qualität des aktuellen Unterrichts für die Schulleistung in diesem Modell (= Bedingungsvariable) unterbewertet wird. Zudem kommen gesellschaftliche Aspekte in dem Modell kaum vor.

Welche Modelle erklären deutliche Schulleistungsunterschiede und Lernstörungen?

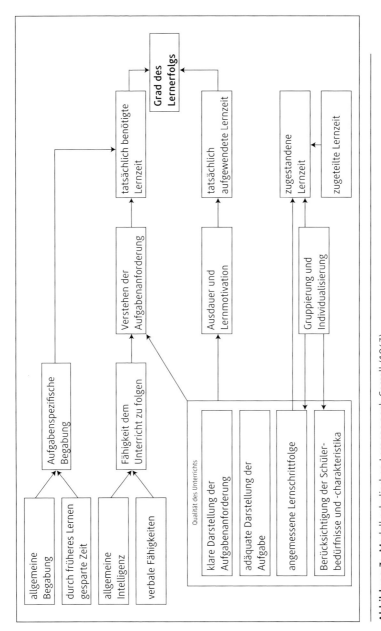

Abbildung 3: Modell schulischen Lernens nach Carroll (1963)

Caroll entwarf sein Modell des schulischen Lernens bereits 1963. Dennoch ist es auch in Anbetracht des vorhandenen Wissens über Bedingungen der Schulleistung weiterhin relevant im Hinblick auf die Erklärung von Schulleistungsunterschieden – von unterschiedlichen Graden von Lernerfolg (s. Abbildung 3).

Carroll vertritt die These, dass der Lernerfolg eines Kindes davon abhängt, ob die tatsächlich aufgewendete Lernzeit der tatsächlich benötigten entspricht. Einflussfaktoren auf die Höhe der tatsächlich benötigten Lernzeit sind:
* die aufgabenspezifische Begabung in Abhängigkeit von allgemeiner Begabung und früherer aufgewendeter Lernzeit in Bezug auf anliegende Lerngegenstände bzw. -ziele,
* die Fähigkeit, dem Unterricht zu folgen und Aufgaben zu verstehen – bedingt durch allgemeine Intelligenz und sprachliche Fähigkeiten sowie der Qualität des Unterrichts.

Einflussfaktoren auf die tatsächlich aufgewendete Lernzeit sind:
* Qualität des Unterrichts, insbesondere einer für das Kind angemessenen Lernschrittabfolge mit einer passend zugestandenen Lernzeit für die einzelnen Lernschritte, was wiederum mit Maßnahmen der inneren Differenzierung (Gruppierung) und Individualisierung einhergeht (wobei die administrativ zugeteilte Lernzeit ausreichend hoch sein sollte),
* Ausdauer und Motivation.

Ein niedriger Grad des Lernerfolgs lässt sich hiernach durch einen Mangel an tatsächlich aufgewendeter Lernzeit bzw. eine mangelnde Qualität des Unterrichts sowie einen Mangel an Differenzierung und Individualisierung im Unterricht erklären. Andererseits können Ursachen in einem zu hohen Bedarf an Lernzeit unter gegebenen schulischen Bedingungen gesehen werden. Das Modell von Caroll legt verschiedene Schlussfolgerungen im Hinblick auf das Vorbeugen von Schulleistungsrückständen nahe:
* Um die tatsächlich benötigte Lernzeit nicht zu umfangreich werden zu lassen und um Ausdauer und Motivation sowie die aufgewendete Motivation angemessen hoch zu halten, gilt es, einen qualitativ hochwertigen Unterricht zu realisieren.

- Kinder unterscheiden sich im Hinblick auf die von ihnen tatsächlich benötigte Lernzeit, deshalb sollte im Hinblick auf das Bewältigen einzelner Lernschritte individualisiert auf Kinder eingegangen und dem Einzelnen ggf. mehr Lernzeit zugestanden werden.
- Am Grad des Lernerfolgs ist ablesbar, ob das Verhältnis von tatsächlich benötigter und aufgewendeter Lernzeit in einem zueinander passenden Verhältnis steht, deshalb sollte der Lernerfolg regelmäßig kontrolliert werden.
- Ein wesentlicher Ansatzpunkt für Förderung ist die Erfassung und Steigerung des Vorwissens (im Modell von Carroll als „durch frühes Lernen gesparte Zeit" bezeichnet), was am ehesten durch zusätzliche Förderstunden mit individuell adaptierten spezifischen Inhalten zu erreichen ist.

Eine Schwäche des Modells von Carroll besteht darin, dass außerschulische Aspekte nur eine geringe Rolle spielen, was aber auch als Stärke des Modells angesehen werden kann, da es vorwiegend schulisch beeinflussbare Aspekte beinhaltet.

Als ein Modell, in dem insbesondere dem Vorwissen eine besondere Bedeutung zukommt, ist das Modell von Hartke (2008) zur Prävention von Schulleistungsrückständen im frühen Grundschulalter zu nennen (s. Abbildung 4).

Das Modell beschreibt Einflussfaktoren auf die Schulleistungen im Lesen und Schreiben sowie Rechnen bis zum Ende der vierten Grundschulklasse. Hiernach werden die Schulleistungen zwar von Faktoren wie Intelligenz, allgemeinem Sprachverstehen, Aufmerksamkeit, schulischer und familiärer Umwelt beeinflusst, entscheidend für den Lernerfolg in einer Klassenstufe ist aber das spezifische Vorwissen in einzelnen Lernbereichen. So bauen die Fähigkeiten im Rechnen, die innerhalb der ersten Klasse erworben werden, auf vorschulisch erworbenen Kompetenzen (pränumerisches Wissen, Zahlenbewusstheit ...) auf, die mathematischen Fähigkeiten, die in der zweiten Klasse erworben werden, auf mathematischen Fähigkeiten, die in der ersten Klasse erworben wurden, usw. In gleicher Weise bauen erste schriftsprachliche Kompetenzen auf vorschulisch erworbenen Fähigkeiten (z. B. der phonologischen Bewusstheit) auf, der umfassende Erwerb schriftsprachlicher Kompetenz auf schulischen Lernprozessen in den ersten Klassen.

Ziele und Zielgruppen schulischer Prävention im Bereich Lernen

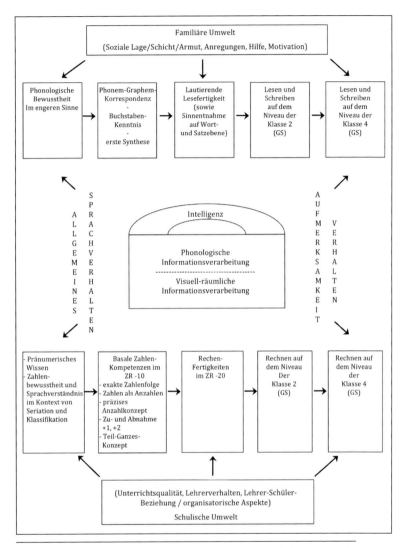

Abbildung 4: Hypothetisches Modell zur Prädiktion von Schulleistungsrückständen bei Kindern im frühen Grundschulalter nach Hartke (2008)

Hiernach sind insbesondere folgende pädagogische Handlungen hilfreich für die Förderung schwacher Lerner:

- Erfassung des Vorwissens und ggf. Erkennen von fehlenden Lernvoraussetzungen und Lücken im Vorwissen,
- Lücken schließendes Lernen,
- Förderung allgemeiner schulisch relevanter Fähigkeiten des Kindes wie Intelligenz, Sprache und Aufmerksamkeit,
- positive Beeinflussung der Lernförderung innerhalb des häuslichen Umfeldes,
- Steigerung der Unterrichtsqualität.

Besteht die pädagogische Intention darin, schulischen Minderleistungen in den Bereichen Lesen, Schreiben und Rechnen vorzubeugen, sind die folgenden Aspekte vor dem Hintergrund der bisherigen Aussagen des ersten Kapitels zentral:

- Zu Beginn der Schulzeit sollten einschlägige Screeningverfahren zur Früherkennung von Leserechtschreibschwäche bzw. Rechenschwäche eingesetzt werden und bei gefährdeten Kindern Vorwissen bzw. Vorläuferfähigkeiten für schulische Lernprozesse gezielt gefördert werden.
- Während der ersten Schuljahre sind intendierte Fortschritte in den Schulleistungen regelmäßig zu prüfen. Treten Lücken in den Schulleistungen auf, sind diese zu beschreiben und es ist ein Förderplan zu erstellen und umzusetzen.
- Schulische Förderung sollte frühzeitig und kleinschrittig erfolgen, „wait-to-fail-Strategien" entsprechend traditioneller Vorstellungen über Leserechtschreibstörungen, Rechenstörungen oder Lernbehinderungen sind aufzugeben.
- Schulverwaltungen und Schulen sind aufgefordert, Verantwortung für die Lernfortschritte aller Schüler einer Schule zu übernehmen. Diese Aussage impliziert die Entwicklung von innerschulischen qualifizierten Fördersystemen für ca. 25 % der Schülerschaft in zentralen Lernbereichen.

2

Grundfragen schulischer Prävention

2.1 Welche allgemeinen Aspekte präventiven Handelns gelten auch für präventive schulische Maßnahmen?

Das Thema Prävention von Lernschwächen bzw. von Lernstörungen und Verhaltensstörungen ist Forschungs- und Diskussionsgegenstand in verschiedenen Wissenschaftsgebieten, insbesondere in der Medizin, Psychologie, allgemeinen Pädagogik, in Fachdidaktiken und in der Sonderpädagogik. Der Begriff „Prävention" wird innerhalb und zwischen diesen Disziplinen nicht einheitlich verwendet und unterliegt zudem einem zeitlichen Wandel (Herriger, 1986). Im Kontext schulischer Prävention ist insbesondere die seit längerem geführte sozialwissenschaftliche Debatte um Prävention interessant. Am Begriff „Prävention" haftet in der sozialwissenschaftlichen Literatur eine überwiegend positive Konnotation.

Nur vereinzelt finden sich kritische Stimmen gegenüber der Idee einer umfassenden Vorbeugung. So weist beispielsweise Göppel (1991) auf problematische Ausprägungen des präventiven erzieherischen Handelns in verschiedenen Epochen hin („Ausmerzen von Kinderfehlern", antiautoritäre Erziehung als Neurosenvorbeugung). Herriger (1986) sieht die Gefahr einer Steigerung der staatlichen sozialen Kontrolle durch Förderprogramme und Schrottmann (1990) wirft die Frage auf, ob es verantwortbar sei, Personen, die aktuell frei von deutlichen Symptomen sind, Maßnahmen zu unterziehen, die in die Privatsphäre des Einzelnen eingreifen. Mehrheitlich wird Prävention in den Sozialwissenschaften aber eher als eine vielversprechende Handlungsmöglichkeit angesehen.

Es stellt sich die Frage, was unter Prävention konkret verstanden wird. In der Auseinandersetzung mit der einschlägigen Literatur fällt zunächst die Vielzahl erläuternder sowie angrenzender Begriffe auf:
- primäre, sekundäre, tertiäre Prävention (Caplan, 1964),
- personen- und systemorientierte Prävention (Schrottmann, 1990; Mörtl, 1989),
- Verhältnis- und Verhaltensprävention (Wember, 2000),
- aktive und passive Prävention (Brandstädter & Eye, 1982),
- spezifische und unspezifische Prävention, Grundprävention, Gesundheitsförderung (Faltermeier, 1999, Hartke, 2000a; 2000b),
- professionelle und eigeninitiative Prävention (Mörtl, 1989),
- home based, center based, community based prevention (Perrez, 1994),
- Optimierung (Enrichment), Prävention, Beratung/Therapie, Rehabilitation (Perrez, 1994),
- Frühförderung und kompensatorische Erziehung (Sarimski, 2000; Wember, 2000).
- Universelle, selektive, indizierte Prävention (Gordon, 1983, Franzkowiak, 2008).

Die wesentlichen Begriffe werden im Folgenden erläutert.

Caplan schlug 1964 vor, *primäre*, *sekundäre* und *tertiäre* Prävention zu unterscheiden. Die Einteilung hat sich in der Fachdiskussion weitgehend durchgesetzt und wird international verwendet (Caplan, 1964; Goetze, 1991c, 2001; Hartke, 2000a; 2000b; Brandstädter & Eye, 1982; Cowen, 1984);

- *primäre Prävention:* „... involves lowering the rate of new cases of mental disorder in a population, over a certain period by counteracting circumstances before they have had a chance to produce illness" (Caplan, 1964, S. 26),
- *sekundäre Prävention:* „... is the name given by public health workers to programs which reduce the disability rate due to a disorder by lowering the prevalence of the disorder in the community" (S. 89),
- *tertiäre Prävention:* „... reducing the rate residual defect, the lowered capacity to the occupational and mental disorder has ended" (S. 113).

Die Einteilung von Caplan ist in verschiedener Hinsicht kritisiert worden. Exemplarisch ist hier die Kritik von Brandstädter (1982b) wiedergegeben. Brandstädter arbeitet heraus, „dass es sich bei den Konzepten der (spezifischen oder unspezifischen) primären, sekundären und tertiären Prävention keineswegs um scharfe Ordnungsbegriffe handelt. Beispielsweise mag eine Krisensituation als sekundärpräventive Intervention aufgefasst werden, wenn als Ziel dieser Maßnahme etwa die Reduktion krisenbedingter oder anderweitiger situationsbezogener Störungen ins Auge gefasst wird, dieselbe Maßnahme mag aber auch primärpräventiv gelten, wenn ihr die weitergehende Hypothese zugrunde liegt, dass krisenspezifische Störungen Vorläuferbedingungen anderer womöglich gravierender psychischer oder somatischer Probleme sind, und wenn als Interventionszweck eben die Vermeidung solcher Probleme betrachtet wird. In Anbetracht der Vielschichtigkeit interventionsleitender Zwecksysteme ist es ohne weiteres denkbar, dass ein und dieselbe Maßnahme gleichzeitig unter primär- und sekundärpräventiven Aspekten gesehen werden kann" (S. 39).

Die Unterscheidung zwischen sekundärer und tertiärer Prävention kann ebenfalls schwierig sein, weil die Unterscheidung zwischen Fördermaßnahmen für Gefährdete und Folgeschäden vermeidende Programme nicht immer trennscharf vorgenommen werden kann. Die Übergänge zwischen den Phasen nach Caplan (1964) sind also fließend. Dennoch bietet dieser Ordnungsversuch für Fördermaßnahmen Vorteile, weil ein sonst sehr unübersichtliches Praxisfeld nur bedingt in Teilbereiche differenziert analysiert werden könnte. Außerdem erleichtern Caplans Stufen über Prävention die Kommunikation unter Fachpersonen, obwohl anzumerken ist, dass die Terminologie Caplans von anderen Autoren oft eher nur sinngemäß übernommen wurde. Deshalb empfiehlt es sich, in jeder Veröffentlichung, in der diese Begriffe auftauchen, die jeweilige Interpretation kritisch zu erschließen. Ähnlich verhält es sich mit weiteren, Prävention erläuternden, Begriffen.

Die Gegensatzpaare *subjekt-* und *systemorientierte* bzw. *Verhaltens-* und *Verhältnisprävention* oder auch *personen-* und *umweltzentrierte Prävention* weisen auf grundsätzliche Unterschiede von Programmen hin. Kompetenztrainings oder Psychotherapie unterstützen die psycho-soziale Verfassung des einzelnen, während beispielsweise Plätze in Kindertagesstätten und Kinderhorten bzw. Freizeitbetreuungen allgemeine Lebensbedingungen für Familien verbessern. Hinter diesen unterschiedlichen Ansatzpunkten für präventives Handeln stehen unterschiedliche theoretische Auffassungen über psycho-soziale und pädagogische Probleme und deren Bewältigung. Individuenzentrierte Theorien, insbesondere sozial-kognitive Modelle sowie Modelle der Informationsverarbeitung, heben auf Möglichkeiten der Steigerung der Kompetenzen von Personen sowie der Förderung der Widerstandsfähigkeit von Personen gegenüber psycho-sozialen Belastungen ab. *Umweltzentrierte* Theoriebildung unterstützt bei der Identifikation von belastenden oder wenig hilfreichen Umweltbedingungen im Umfeld eines Kindes. *Interaktionistische, systemische* Theoriebildung unterstützt die Reflexion über Austauschprozesse und Wechselwirkungen zwischen Personen und sozialem System, fördert die kritische Betrachtung der ungeschriebenen Regeln und Rollen, die in einer Familie, einer Klasse, einer Schule, einer peer-group sowie zwischen Helfern gelten (Becker, 1980; Brandstädter & Eye, 1982). Unter der Voraussetzung, dass es sich bei diesen wissenschaftlichen Ansätzen nicht um sich ausschließende Alternativen, sondern um komplementäre Zugänge zur Prävention handelt, folgt hieraus für die Konzeptionierung von Präventionsprojekten: Es erscheint sowohl eine Arbeit mit Personen an ihren Kompetenzen als auch an der Verbesserung von Verhältnissen, in denen diese Personen leben, angezeigt zu sein. Projekte, die auf einem „Entweder-oder-Denken" der Mitarbeiter aufbauen, werden vermutlich bei einer Vielzahl von Kindern nicht die gewünschten Effekte erzielen. Ein rein individuelles Training von Problemkindern und -jugendlichen ohne Umfeldveränderungen kann sich hinsichtlich seiner Effekte schnell abnutzen. Hierfür sprechen insbesondere die Forschungsergebnisse von Bronfenbrenner (1974) zum Head Start Programm sowie deren Replikation durch White (1985/86). Mörtl (1989) erläutert den komplementären Zusammenhang von System- und Personenorientierung mit dem Beispiel der Stress-Immunisierung und -Reduzierung. Stress-Reduktion beinhaltet die Beseitigung von störenden, krank machenden Faktoren in der Umwelt, während Stress-Immunisierung darauf abzielt, einzelne Personen widerstandsfähiger zu machen. Brandstädter (1982b) spricht in diesem Zusammenhang von aktiver und passiver Prävention. Mit aktiver Prävention sind Maßnahmen gemeint, die auf die Beseitigung problemproduzierender Faktoren in der Umwelt abzielen. Als passive Präventionsmaßnahmen bezeichnet er demgegenüber Maßnahmen, „die dem zu schützenden Objekt oder System Eigenschaften verleihen, welche es gegenüber äußeren Störgrößen unempfindlich machen, bzw. Maßnahmen, die es durch die Unterbrechung von Wirkungsketten von kritischen Einflussgrößen abschirmen" (S. 45).

Die Unterscheidung zwischen *spezifischer* und *unspezifischer Prävention* hebt auf Unterschiede in der Zielgruppe und dem Kenntnisstand über Ursachen und Handlungsmöglichkeiten bei einem Problem ab. Spezifische Prävention setzt relativ genaue Kenntnisse über die Ursachen, Verfahren zur Identifikation des betreffenden Personenkreises und über Fördermöglichkeiten voraus. Beispiele hierfür wären Programme zum Abbau von aggressivem Verhalten oder von Leserechtschreibschwächen. Bei der unspezifischen Prävention geht es um die Verbesserung von institutionellen und gesellschaftlichen Rahmenbedingungen sowie von allgemeinen sozialen Kompetenzen. Es wird beispielsweise durch die Bekämpfung von Armut und Umweltbelastungen und die Erhöhung der Anzahl von qualifizierten Kinderbetreuungsplätzen in einer Region eine Verhütung von psycho-sozialen Fehlentwicklungen angestrebt (Schrottmann, 1990, S. 17; Brandstädter, 1982a, S. 38). Der Begriff der primären unspezifischen Prävention wird vielfach so weit ausgedehnt, dass er schlechthin alle Bemühungen um eine Verbesserung menschlicher Lebens- und Entwicklungsbedingungen umfasst. Hartke (2000a; b) schlägt deshalb vor, die allgemeine Förderung von Lebenskompetenzen und -bedingungen als Grundprävention zu bezeichnen. Primäre Prävention hätte bei einer solchen Unterscheidung im Gegensatz zur Grundprävention bereits eine spezifische Ausrichtung (z. B. Verhinderung von Alkoholabhängigkeit, Teenagerschwangerschaft,

Gewalt in der Schule). Der Begriff Gesundheitsförderung (Faltermeier, 1999) beinhaltet im Wesentlichen allgemeine Maßnahmen zur Verbesserung der Lebensführung und von Lebensbedingungen und entspricht damit weitgehend inhaltlichen Überlegungen, die mit den Begriffen Grundprävention und unspezifische Förderung verbunden sind.

Hinsichtlich der Initiative für eine Hilfsmaßnahme unterscheidet Mörtl (1989) zwischen starker *Eigeninitiative der Betroffenen* und *Engagement durch professionelle* Helfer. Geht die Initiative von den Professionellen aus, kommt der betroffenen Person oft eine eher passive Rolle zu. Oft geht es aber gerade darum, die Eigenverantwortung und Selbsthilfe von Zielgruppen zu unterstützen. Insofern kann professionelles Engagement Hilfe zur Selbsthilfe konterkarieren, falls Eigeninitiative behindert wird. Gerade die Förderung von Eigeninitiative wird als wesentlicher Inhalt präventiven Handelns angesehen.

Perrez (1994) löst sich von der traditionellen Einteilung Caplans und schlägt für den erzieherischen Bereich zur Unterteilung von Fördermaßnahmen eine dreiachsige Systematik nach dem Zweck und dem Ort der Intervention sowie nach dem Adressaten vor. Hinsichtlich des Zwecks der Einflussnahme unterschiedet er die *Optimierung* (enrichment) von Fähigkeiten, die *Prävention* von Störungen, *Beratung und Therapie* zur Behebung vorhandener Probleme oder Störungen sowie die *Rehabilitation*. Ähnlich wie bei Caplan wird ein Kontinuum von fördernden Aktivitäten unterteilt nach ihrer zeitlichen Position zu psychosozialen Störungen. Auf der zweiten Achse wird nach dem Ort der Intervention differenziert: „Die Intervention kann sich in der natürlichen Umgebung *(home based)*, in einem psycho-sozialen Zentrum *(center-based)* oder der Ebene der Gemeinde *(community-based)* abspielen. Auf der Ebene der Adressaten können sich erziehungspsychologische Orientierungs- und Präventionsprogramme an *Kinder* oder an ihre Erzieher, die Eltern und Lehrer bzw. an *soziale Systeme* wie Dyaden, Familien oder Gemeinden als Ganzes bzw. an die Umgebung richten" (S. 585). Im Weiteren differenziert Perrez in bisher übliche Präventionskategorien wie z. B. spezifisch und unspezifisch und benennt in diesem Zusammenhang Interventionsziele wie kognitive, psychomotorische, sozio-emotionale und gesundheitliche Förderung.

Programme der *Frühförderung* richten sich an Kinder in den ersten Lebensjahren, die behindert oder aufgrund körperlicher und psychosozialer Risiken von Behinderung bedroht sind. Überwiegend werden die Eltern der Kinder in die Förderung einbezogen. Sarimski (2000) unterteilt die Angebote der Frühförderung nach der Spezifität der Förderung des Kindes und den Zielsetzungen der Unterstützung der Eltern-Kind-Interaktion sowie der psychotherapeutischen Arbeit mit den Eltern. In der Frühförderung kann die spezifische Förderung des Kindes mit Hilfen für die Eltern zur konkreten Alltagsbewältigung sowie mit psychotherapeutischer Unterstützung verbunden werden. Effekte von Frühförderung konnten auf den Ebenen der individuellen Entwicklung des Kindes und der Eltern-Kind-Interaktion nachgewiesen werden. Trotz der inhaltlichen Nähe zum Thema Prävention wird Frühförderung in der Literatur relativ eigenständig, d. h., ohne explizite diesbezügliche Querverbindungen behandelt.

Bereits 1983 schlug Gordon in Abgrenzung zu den Begriffen primäre, sekundäre und tertiäre Prävention die Klassifikationen universelle, selektive und indizierte Prävention vor. Die bisher hauptsächlich verwendeten Begriffe implizieren nach seiner Auffassung eine unangemessene Hierarchisierung präventiver Maßnahmen (primäre Prävention sei besser als sekundäre). Zudem führe die Terminologie nach Caplan zu einem Einbezug von originär nicht präventiven Behandlungen und Maßnahmen durch die Kategorie tertiäre Prävention und damit zu einer nicht passenden Verwendung des Präventionsbegriffs. Unter *universeller Prävention* versteht Gordon „a measure that is desirable for everybody. In this category fall all those measures which can be advocated confidently for the general public and which, in many cases, can be applied without professional or assistance" (S. 108). Als Beispiele für universelle präventive Maßnahmen nennt er angemessene Ernährung oder Zahnhygiene. Als *selektive Prävention* bezeichnet Gordon Maßnahmen, „in which the balance of benefits against risk and cost is such that the procedure can be recommended only when the individual is a member of a subgroup of the population distinguished by age, sex, occupation, or other obvious characteristics whose risk of becoming ill is over the average" (S. 108). Beispiele für selective Prävention sind gezielte Grippeschutzimpfungen für ältere Personen oder die Aufklärung von Schwangeren über die Folgen von Alkohol- und Drogeneinnahme während der Schwangerschaft. Die dritte Klasse präventiver Maßnahmen, die als *indizierte Prävention* bezeichnet wird wie folgt erläutert:

„… encompasses those that are advisable only for persons who, on examination, are found to manifest a risk factor, condition or abnormality that identifies them, individually, as being at sufficiently higt risk to require the prävantive intervention. The majority of these measures have been called secondary under the classical scheme …" (S. 108).

Die Einteilung von Gordon schließt tertiäre präventive Maßnahmen aus und unterteilt die bisherige Kategorie primäre Prävention in universelle und selektive präventive Maßnahmen, die Kategorie sekundäre Prävention wird in indizierte Prävention umbenannt. Gordon trägt damit einerseits zur Präzisierung des Präventionsbegriffes bei, indem er innerhalb der Kategorie primäre Prävention zwischen einer universellen Grundprävention (Hartke, 2000a; 2000b) und spezifischer (selektiver) Prävention unterscheidet. Zudem wird eine klarere Grenze zwischen den Begriffen Prävention und Behandlung (treatment) gezogen. Andererseits negiert er die in der Praxis tatsächlich vorkommende Überlappung von Prävention und Behandlung, der traditionell mit der Verwendung der Kategorie tertiäre Prävention entsprochen wurde. Insofern überrascht es nicht, dass sich der Vorschlag von Gordon bisher nicht durchgesetzt hat, obwohl er in jüngster Zeit vermehrt Beachtung findet.

Innerhalb der Schulpädagogik findet ebenfalls eine Diskussion um vorbeugende Maßnahmen statt, wobei auch die Vorbeugung von sonderpädagogischem Förderbedarf eine Rolle spielt.

Bei der schulischen Prävention geht es um die bestmögliche Gestaltung von Lern- und Lebensbedingungen in der Schule für alle Lernenden. Insbesondere wird aus sonderpädagogischer Sicht unter Prävention ein Ensemble von Maßnahmen verstanden, „welche geeignet sind zu verhindern, dass sich bei Kindern und Jugendlichen, welche von Behinderung bedroht sind …, manifeste Lern- und Verhaltensprobleme bilden. Der Gegenstandsbereich schulischer Prävention sind relative Störungen – Lern- und Verhaltensprobleme …" (Kretschmann, 2000, S. 325). Die bisher erläuterten begrifflichen Differenzierungen im Hinblick auf Prävention finden sich teilweise auch in der Literatur zur schulischen Prävention wieder. Die Definition nach Kretschmann entspricht inhaltlich weitgehend den Begriffen sekundäre und indizierte Prävention.

Die hier erläuterten Begriffe vermitteln einen Eindruck davon, was verschiedene Autoren inhaltlich mit dem Begriff Prävention verbinden und bilden die zum Teil kontroverse Begriffsdiskussion ab. Der Sachzwang, bei jedem einzelnen Präventionsprogramm genauer die verwendete Begrifflichkeit und die dahinter stehende inhaltliche Vorstellung zu betrachten, wird deutlich. Die genannten Begriffe ermöglichen eine genauere Deskription präventiver Konzepte. Aufgrund des unterschiedlichen Sprachgebrauchs im Zusammenhang mit Prävention werden zentrale Begriffe in Tabelle 1 einander gegenüber gestellt. Hierdurch werden Übereinstimmungen und Unterschiede zwischen den Begriffen ersichtlich.

Tabelle 1: Begriffsbestimmung Prävention

Übliche Einteilung von Maßnahmen	Einteilung von Maßnahmen nach Caplan (1964)	Einteilung von Maßnahmen nach Perrez (1994)	Einteilung von Maßnahmen nach Gordon (1983)	verwendete erläuternde, übergreifende Begriffe
Prävention	primäre Prävention sekundäre Prävention	enrichment (Optimierung) Prävention	universelle Prävention selektive Prävention indizierte Prävention	unspezifische Prävention spezifische Prävention Grundprävention personenorientierte Prävention umweltorientierte Prävention systemorientierte Prävention strukturbezogene Prävention professionelle Prävention eigeninitiative Prävention Frühförderung
Therapie		Therapie	Behandlung	
Rehabilitation	tertiäre Prävention	Rehabilitation		

Wenn innerhalb dieses Textes allgemein von Prävention gesprochen wird, geschieht dies in Abgrenzung zu den Begriffen Therapie und Rehabilitation und beinhaltet Maßnahmen der primären und sekundären Prävention im Sinne Caplans (1964), also Maßnahmen *vor* dem Auftreten einer manifesten Lernschwäche bzw. -störung. Maßnahmen des enrichment im Sinne von Perrez (1994) oder der universellen, selektiven und indizierten Prävention im Sinne Gordons (1983) sind hierbei ebenfalls eingeschlossen. Gegenstand dieses Buches über schulische Prävention im Bereich Lernen sind also *nicht* Maßnahmen zur Therapie und Rehabilitation, sondern es geht um Prävention im Sinne von *Vorbeugung*, also um die Verhinderung von schulischen Problemen mit allen Kindern beispielsweise einer Schule oder Schulklasse (primäre Prävention) *und* mit gefährdeten Schülerinnen und Schülern (sekundäre Prävention), *bevor* eine manifeste Lernschwäche bzw. -störung auftritt.

2.2 Welche allgemeinen methodischen Probleme sind bei der Entwicklung schulischer Präventionsprogramme zu berücksichtigen?

Sehr differenziert arbeitete Brandtstädter bereits 1982 grundsätzliche Probleme präventiven Handelns unter empirisch methodologischen Aspekten heraus. Diese unter Berücksichtigung des methodologischen Forschungsstandes formulierten Aussagen weisen aktuell weiterhin eine hohe Aussagekraft auf und wurden bisher in der Diskussion um schulische Prävention im deutschsprachigen Raum kaum berücksichtigt. Sie werden deshalb im Folgenden zunächst zusammengefasst und dann auf schulische Prävention bezogen:
- Weite Definitionen von (primärer) Prävention machen hieraus eine allumfassende Kategorie von Bemühungen um eine Verbesserung menschlicher Lebens- und Entwicklungsbedingungen. Dadurch besteht die Gefahr des Verlustes eines wissenschaftlichen Zuganges zu diesen Bemühungen aufgrund des Verlustes eines definierten Forschungsgegenstandes.

- Jegliche begriffliche Systematik präventiven Handelns beinhaltet die Gefahr von Missverständnissen, weil häufig unklar ist, ob die Bezeichnungen aufgrund wissenschaftlicher Untersuchungen retrospektiv entstanden oder ob die Begriffe aufgrund von Wirkungserwartungen und Zweckorientierungen verwendet werden. In einer retrospektiven Analyse von als primärpräventiv geplanten Maßnahmen kann sich beispielsweise eine sekundärpräventive Wirkung zeigen, oder eine spezifisch konzeptionierte Förderung kann sich als vorrangig unspezifisch wirksam erweisen. Wovon soll bei der Wahl der Begrifflichkeit ausgegangen werden? Pointiert kann gefragt werden, ob von Prävention überhaupt aufgrund einer Wirksamkeitserwartung gesprochen werden kann, oder erst, wenn eine präventive Wirkung nachgewiesen werden konnte.
- Im Unterschied „zu korrektiven Interventionen steht bei Prävention nicht die Diagnose, sondern die Prognose einer Problemsituation am Anfang" (Brandstädter, 1982a, S. 43). Solche Prognosen beruhen auf theoretisch und empirisch begründeten sog. Wenn-dann-Überlegungen mit einer bedingten Wahrscheinlichkeit. Eine Übertragung auf einen Einzelfall ist nur eingeschränkt zulässig.
- Bei verschiedenen vorzubeugenden Problemen fehlt es sowohl an empirischen als auch theoretisch gesicherten Erkenntnissen über antezedente Bedingungen, sie können somit nicht im Voraus identifiziert werden, ein Auftreten des Problems nicht prognostiziert werden.
- Das Erkennen von Problemen verursachenden Situationen verlangt im Einzelfall eine Risikofaktorendiagnostik. Diese führt zu einer Vorverlagerung und Ausweitung von Messprozeduren in den Alltag (S. 47), was von Betroffenen eventuell nur teilweise oder nicht akzeptiert wird.
- Der Rechtfertigungsdruck bei präventiven ist im Vergleich zu korrektiven Maßnahmen höher, weil nicht nur die Wirksamkeit von Änderungsmaßnahmen begründet werden muss, sondern außerdem die Qualität der Prognose zur Diskussion steht (S. 48).
- Prognostische Argumente weisen eine unterschiedliche Qualität auf. Es sind zu unterscheiden:
  - intuitive Erwartungen,
  - Mutmaßungen,

- Weissagungen,
- common-sense-Generalisierungen,
- Trendextrapolationen,
- wissenschaftliche Prognosen aufgrund von Theorien und empirischen Daten (Prädiktoren).
• Sozialwissenschaftliche Prognosen können als sog. self-fulfilling-prophecies oder sog. self-destroying-prophecies soziale und emotionale Prozesse beeinflussen, was wiederum die Entwicklung von prognostischem Wissen erschwert.
• Retrospektiv gewonnene korrelative statistische Wahrscheinlichkeitsaussagen, wie z. B. der Zusammenhang Schulschwänzen und späteren Suchtproblemen r = .70 haben nur eine geringe Vorhersagekraft, weil die Ergebnisse, die an der selegierten Stichprobe der Suchtkranken gewonnen wurden, keine weiterreichenden Aussagen zulässt. Leider beruhen Angaben zu Risikofaktoren überwiegend auf retrospektiven Studien mit selegierten Stichproben.
• Das aktuelle prognostische Wissen um Risikosituationen (Prädiktoren und Moderatorvariablen und deren Interaktionen) für psychische Auffälligkeiten ist eher gering. Grundsätzlich erschweren erhebliche methodologische Probleme die Entwicklung gesicherter wissenschaftlicher prognostischer Erkenntnisse. Erst wenn sich erste Symptome vor dem Hintergrund einer besonderen Risikosituation abzeichnen, sind ausreichend valide Prognosen möglich. Die prognostische Effizienz eines Prädiktors kann leicht falsch eingeschätzt werden (S. 62).
• Die aktuelle Befundlage über menschliche Entwicklung und Fehlentwicklung weisen diesen als einen „multidimensionalen, multidirektionalen sowie inter- und intraindividuell variablen Prozess" (S. 66) aus. Hieraus resultieren prognostische Probleme, allerdings auch Grund zu Optimismus im Hinblick auf Änderbarkeitsspielräume.
• Kenntnisse über Risikokonstellationen oder auch protektive Aspekte menschlicher Entwicklung führen nicht direkt zu Kenntnissen über wirksame präventive Interventionen, diese beruhen auf Erklärungs- und Änderungswissen (Theorien), welches erst durch kontrollierte manipulative Ansätze (Experimente) erlangt wird.
• Durch die Wahl einer bestimmten, gültigen Änderungshypothese ist das Problem der Auswahl von Änderungsmitteln erst partiell gelöst,

denn die Frage der Implementation der Maßnahme in das Interventionsfeld ist weiterhin offen. Es ist fraglich, welches know-how, welches setting und welche Professionalität die Durchführung der Intervention verlangt. „Die Beantwortung von Implementationsfragen erfordert unter Umständen gesonderte Forschungsbemühungen, in vielen Fällen – gerade im Bereich der psychologischen Prävention – auch die Delegierung des Interventionsproblems an Experten anderer Disziplinen" (S. 77).

- Weil sich im Bereich der psychologischen Prävention, die verfügbaren Änderungshypothesen vielfach nur auf deskriptiv-statistische Zusammenhangsbefunde stützen, hat hier die Forderung Reformen als Experimente zu konzeptionieren, also diese von Evaluationsstudien begleiten zu lassen, besonderes Gewicht.

- „Vom kritischen Präventionsforscher bleibt zu fordern, dass er für eigene und fremde, weltanschaulich politische oder anderweitig motivierte ‚Annahmeprivilegierungen' ... sensibel ist, da Präventionsforschung und Präventionspraxis sonst leicht zu einer Strategie der Affirmation entwicklungstheoretischer und entwicklungspolitischer Stereotype ausarten könnten" (S. 79).

Für die schulische Prävention von Lernschwächen/-störungen folgen aus diesen Aussagen verschiedene Überlegungen. Sie werden im weiteren Text berücksichtigt, einige erste Schlussfolgerungen schließen sich an.

Optimistische Erwartungen über eine umfassende Vorbeugung von psycho-sozialen Problemen durch schulische Früherkennung und Förderung sind zu hinterfragen. Aufgrund der Multidimensionalität und der Vielzahl zu berücksichtigender Faktoren menschlicher Entwicklung sowie der damit einhergehenden Multikausalität von Lernschwächen sowie methodologischer Probleme der Prognostik erscheint es äußerst schwierig, Risikogruppen valide zu identifizieren. Vermutlich kommen falsch-positiv identifizierte Kinder in der vorbeugenden Lernförderung an allgemeinen Schulen vor. Fehlplatzierungen von falsch-positiv identifizierten Kindern und Jugendlichen in präventiven Maßnahmen erscheinen nicht nur problematisch, weil hierdurch Ressourcen falsch genutzt werden, sondern die Betroffenen werden einer Behandlung unterzogen, ohne dass dies notwendig ist. Außerdem ist die Frage von

Nebenwirkungen dieser Behandlung und damit einer eventuellen Verschlechterung des Status der betroffenen Personen nicht geklärt. Suchodoletz (2005) weist auf Risiken der Früherkennung hin, wie emotionale Verunsicherung von Eltern, Stigmatisierung einer Familie sowie ungünstige Veränderungen der innerfamiliären Situation.

In der präventiven Arbeit mit Risikogruppen sind also hohe Qualitätsstandards im Hinblick auf die Auswahl der einzubeziehenden Kinder und Jugendlichen zu fordern. Eine valide Prognostik gelingt vermutlich allerdings erst, wenn neben Erkenntnissen über Risikofaktoren (nicht hinreichende Prädiktoren!) auch erste Symptome vorhanden sind. Bei Prognosen über die Entwicklung gefährdeter Kinder sind zudem Resilienzfaktoren zu berücksichtigen (Julius & Goetze, 2000).

Die präventive Arbeit mit einer Risikogruppe verlangt neben hohen prognostischen Standards ebenso ausreichende Kenntnisse über Veränderungsmöglichkeiten, also ein empirisch und theoretisch fundiertes Wissen über Intervention. Wenn dieses nicht vorliegt, kann die Wahrscheinlichkeit des Erfolgs einer Intervention und deren Nutzen im Vergleich zu einer Nicht-Intervention nicht eingeschätzt werden. Aber auch relativ gesicherte Erkenntnisse über Interventionen bei Lernschwächen/-störungen begründen nur bedingt schulisches präventives pädagogisches Handeln hinreichend. Bevor von einem auch im schulischen Kontext bewährten Präventionsprogramm gesprochen werden kann, müssen Probleme der Implementation gelöst sein. Der Forderung, Präventionsprogramme unter wissenschaftlich kontrollierten Bedingungen zu entwickeln, ist auch im Kontext schulischer Prävention zu entsprechen, auch wenn das Konzept auf bewährten wissenschaftlichen Erkenntnissen beruht, weil die Implementationsprobleme zu erwartende Fördererfolge unterlaufen können.

Cowen (1984), einer der führenden US-amerikanischen Präventionsforscher, spricht sich bezüglich der Entwicklung eines Präventionsprogramms für den in Abbildung 5 dargestellten Prozessverlauf aus.

Neben der Bestimmung der Zielsetzung und der Präventionsebene und einer Konzeptentwicklung auf der Basis von Bedingungswissen zur Problematik und Kenntnisse zur Bestimmung der Zielgruppe ist die Entwicklung von konkreten Umsetzungsmethoden ein unverzichtbarer, das Programm vorbereitender Entwicklungsschritt. Erfolgreiche Prävention in der Schule verlangt also nicht nur einen effektiven Ansatz, sondern auch schulangepasste Methoden. Aber erst durch die Evaluation des Programms entsteht ein Einblick in seine Effekte und es kann rational begründet entschieden werden, ob das Programm modifiziert oder gefestigt werden soll.

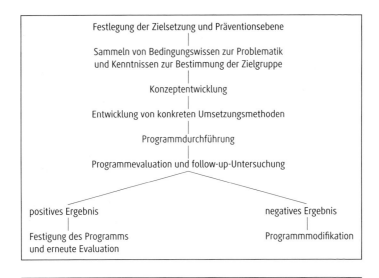

Abbildung 5: Prozess der Entwicklung eines Präventionsprojektes nach Cowen (1984)

Die hier dargestellten grundsätzlichen Überlegungen zur schulischen Prävention beziehen sich insbesondere auf die Arbeit mit gefährdeten Schülerinnen und Schülern. Die pädagogischen Hilfen zur Vorbeugung einer Fehlentwicklung mit allen Schülern (primäre Prävention) unterliegen nicht den beschriebenen Problemen der Prognostik. Aber es erscheint auch hier zweifelhaft, inwiefern ohne ein gesichertes ätiologisches Wissen erfolgreich Prävention betrieben werden kann. Kenntnisse über Risikofaktoren von Lernschwächen/-störungen und Verhaltensproblemen sind ein ernst zu nehmender Hinweis auf belastende Aspekte in der Umwelt oder auf gefährdende Personenmerkmale, die zum Zwecke der Vorbeugung verbessert werden sollten. Solange aber keine wissenschaftlichen Erkenntnisse über die Effekte solcher Verbesserungen vorliegen und die Bedeutung eines Faktors im Bedingungsgefüge der Problematik unbekannt ist, kann nicht eingeschätzt werden, welche präventive Aktivität relevanter ist als eine andere. Außerdem können problematische Nebeneffekte primärpräventiver Maßnahmen nicht ausgeschlossen werden (beispielsweise Ängste bei Kindern, die an einem Programm zur Prävention von Misshandlung teilnehmen).

Zwar gibt es eine Reihe von pädagogischen Handlungen, die augenscheinlich begrüßenswert und vermutlich nützlich sind, günstiger ist es allerdings, wenn man sich in der Präventionspraxis auf wissenschaftliche Theorien *und* empirische Ergebnisse stützen kann. Insofern erscheint im Kontext von primärer Prävention das von Cowen vorgeschlagene Vorgehen ebenfalls als hilfreich. In diesem Sinne spricht sich Goetze (1991c, S. 43) für die Entwicklung eines erfahrungswissenschaftlich abgesicherten Rahmens für Präventionsbemühungen auf allen Stufen Caplans aus. Erst dann handelt es sich nach seiner Auffassung um einen wissenschaftlich etablierten Forschungsgegenstand. Wissenschaftlich nicht begründete und unkontrollierte Versuche erscheinen also auch im Bereich der primären Prävention problematisch. Korrelative Befunde über Risikofaktoren reichen als Begründung für primäre Prävention nur bedingt aus. Soweit es an Wissen über Ätiologie, Intervention und Implementation der Intervention mangelt, ist es schwierig, präventiv wirksam pädagogisch zu handeln.

Eine regelmäßige Evaluation einzelner Handlungssequenzen erscheint in der präventiven Intervention dringend angezeigt. Solange ein Programm sich in einer ersten Entwicklungsphase befindet, ist es unzulässig, es auf einen weiteren Personenkreis auszuweiten. Stattdessen sollte versucht werden, mit bisher bewährten pädagogischen Mitteln auszukommen. Im weiteren Text wird herausgearbeitet, auf welche bewährten Mittel in der präventiven Arbeit zurückgegriffen werden kann und wo Entwicklungsarbeit erforderlich ist.

Um die hier relativ abstrakt erläuterten allgemeinen methodischen Probleme präventiven Handelns im Hinblick auf praktische Konsequenzen zu konkretisieren, werden im Folgenden Qualitätskriterien präventiven Handelns und von Präventionsforschung herausgearbeitet.

2.3 Welche wissenschaftlichen Standards sind bei der Entwicklung von Präventionsprogrammen zu beachten?

Der Grundgedanke präventiven Handelns, es sei besser, ein schwerwiegendes Problem, eine Beeinträchtigung, Leistungsminderung, Störung, Krankheit oder Behinderung eines Menschen erst gar nicht entstehen zu lassen, erscheint plausibel und wird gesellschaftlich und in Fachkreisen weitestgehend akzeptiert. Wissenschaftlich vertretbare (sonder-)pädagogische und pädagogisch-psychologische Präventionsprogramme oder -maßnahmen sind aber eher selten zu finden (Hartke, 2005). Schwierigkeiten der Entwicklung wissenschaftlich kontrollierter präventiver Maßnahmen erschließen sich erst bei einer genaueren Auseinandersetzung mit der Thematik (s. Abschnitt 2.2), die auch dazu führt, dass die Komplexität der folgenden Fragen deutlich wird: Woran ist ein Kind oder Schüler zu erkennen, bei dem präventive Maßnahmen einsetzen sollten? Was unterscheidet dieses Kind von anderen Kindern, die diesen Bedarf nicht aufweisen? Woran ist erkennbar, welche Maßnahmen geeignet sind bzw. welche pädagogischen Handlungen die Gefährdung des Kindes mindern bzw. erhöhen? Wie kann die Entwicklung eines Präventionsprogramms optimal gestaltet werden? Welche Minimalanforderungen an methodologische Qualitätsstandards sind bei der Entwicklung von präventiven Maßnahmen einzuhalten?

Während Antworten auf die erstgenannten Fragen besonders bedeutsam für den Präventionspraktiker sind, beziehen sich die beiden letztgenannten Fragen auf die Konzeptionierung einer sinnvollen und effektiven Präventionsforschung. Ziel dieses Abschnittes ist es, einen Überblick über zu beachtende Qualitätsstandards zur Prüfung von (sonder-)pädagogischen und pädagogisch-psychologischen Präventionsprogrammen sowie von Präventionsforschung zu bieten. Hierzu werden zunächst an einem Beispiel aus der Präventionsmedizin grundlegende Überlegungen zur Logik bzw. Rationalität präventiven Handelns erläutert. Vor diesem Hintergrund und den Aussagen im Abschnitt 2.2 werden grundlegende Standards präventiven Handelns sowie Aufgaben der Präventionsforschung benannt.

An Beispielen aus der sehr erfolgreichen Präventivmedizin lässt sich die Logik der Vorbeugung einer Krankheit aufzeigen. Diese ist grundsätzlich – allerdings nicht im Detail – auf die Prävention von Entwicklungs- bzw. Lernschwächen/-störungen übertragbar.

Das Beispiel Pockenschutzimpfung: Über Jahrhunderte war die Wahrscheinlichkeit, an Pocken zu erkranken, relativ hoch. Die hohe Morbiditäts- und Mortalitätsrate begründete eine über Jahrzehnte geltende Impfpflicht. Die Logik der modernen Pockenschutzimpfung ist gut nachzuvollziehen: Aufgrund der Erkenntnis, die Viruserkrankung Pocken durch eine Immunisierung per Impfung mit einem pockenähnlichen Erreger verhindern zu können, sei dieses Verfahren anzuwenden, zumal die Rate der festgestellten Impfschäden im Vergleich zum Erkrankungsrisiko deutlich geringer, insgesamt sehr niedrig, ausfiel. Ebenso war der Aufwand für die Impfung aller Kinder im Vergleich zum Aufwand der Behandlung der Kranken – und natürlich auch in Anbetracht der Todesfälle durch Pocken – vertretbar. Da für die Impfung genügend Ressourcen und Fachkräfte vorhanden waren, wurde die Pockenschutzimpfung als präventivmedizinische Maßnahme bis in die 70er Jahre des 20. Jahrhunderts praktiziert. Heute wird diese Impfung in Europa nicht mehr verbindlich durchgeführt, da die Krankheit seit 1980 weitgehend als ausgerottet gilt. Für z. B. Reisen in gesundheitsgefährdende Regionen allerdings empfehlen Immunologen weiterhin eine Impfung (Enders, Tewald, Zöllner, Stemmler & Meyer, 2002; Regal & Nanut, 2005).

Das Beispiel erlaubt die Ableitung von ersten wünschenswerten Standards präventiven Handelns:

- Erkenntnisse über Art und Ausmaß der Störung, die Quantität (hier Häufigkeit der Pockenerkrankung) und Qualität (Krankheitsverlauf) sowie den Betreuungsaufwand, den die Störung bedingt, sollten vorliegen. Aufwand und Folgen eines Eingriffs sollten mit der Situation des Nichteingriffs verglichen werden können und die Maßnahme nur dann erfolgen, wenn sie Vorteile bringt.
- Die Störungsursache (im Beispiel eine Viruserkrankung) sollte bekannt sein, d. h., eine die Störung beschreibende und erklärende Theorie sollte Ansatzpunkte zum Handeln liefern, mit dem Ziel, diese Störungsursache beseitigen oder zumindest mindern zu können. Zwar kann innerhalb bestimmter Grenzen selbst dann erfolgreich präventiv gehandelt werden, wenn die Ursachen einer Störung unbe-

kannt sind – so lassen sich auch Versuche mit Impfungen gegen Pocken über Jahrhunderte zurückverfolgen, doch der Erfolg tritt dann ohne Kenntnis der eigentlichen Ursachen ein. Erstrebenswert sind ursachenbasierte Präventionsprogramme.

- Für die Planung von Prävention sind zudem Kenntnisse über den sächlichen und personellen Aufwand des präventiven Handelns erforderlich, denn es gilt abzuschätzen, ob der erforderliche Einsatz von Mitteln zu leisten ist bzw. es ist zu klären, ob dieser gesellschaftlich akzeptiert wird.
- Präventive Maßnahmen sind vor dem Hintergrund des Abwägens von Aufwand einerseits und Nutzen andererseits oft nur für bestimmte Personenkreise hilfreich (im Beispiel nur noch bei durch Reisen mit einem Ansteckungsrisiko behafteten Personen) und sollten sich daher nur an potenziell gefährdete Personen richten. Eine besondere Vorbeugung setzt demnach Erkenntnisse über die Zielgruppen und entsprechende diagnostische Verfahren zur deren Identifikation voraus (s. Abschnitt 2.2).

Ein qualitativ hochwertiges Präventionsprogramm ist somit erkennbar an seiner theoretischen Fundierung, angemessenen Verfahren zur Identifikation der Zielgruppe sowie einem daraus resultierenden Handlungskonzept mit nachweisbarem Nutzen für spezifizierte Zielgruppen bei gleichzeitig vertretbaren Kosten. Zentrale Aufgaben einer erfolgreichen Präventionsforschung sind demnach
- Erkenntnisgewinn über die Ursachen einer Störung und damit Modell- bzw. Theoriebildung,
- Entwicklung von Verfahren zur Früherkennung,
- Entwicklung von Handlungskonzepten und deren Evaluation,
- Effizienzabwägungen.

Die aktuellen Befunde über die Prozesse menschlicher Entwicklungen und Fehlentwicklungen weisen diese Prozesse als hoch komplex und schwer vorhersagbar aus (Oerter & Noam, 1999; Oerter, Schneewind & Resch, 1999). In der allgemeinen und klinischen Entwicklungspsychologie und in der Entwicklungspsychopathologie gehen die meisten Fachvertreter davon aus, dass psychische Fehlentwicklungen nicht unausweichlich determiniert sind, sondern sowohl somatische als auch psychosoziale Faktoren die Auftretenswahrscheinlichkeiten psychischer Störungen beeinflussen. Es wird zwischen Risiko- und Schutzfaktoren unterschieden, wobei unter Risikofaktoren Personen- oder Umweltmerkmale verstanden werden, die die Auftretenswahrscheinlichkeit einer Störung erhöhen, ein Schutzfaktor deren Auftretenswahrscheinlichkeit hingegen mindert (Fingerle 2008).

Zur Vorbeugung von schwerwiegenden Entwicklungsstörungen, Fehlentwicklungen oder schulischen Lernbeeinträchtigungen eines Kindes ist eine valide Prognose des Auftretens dieser Störungen aufgrund eines oder mehrerer Risikofaktoren wünschenswert. Mit der Kenntnis derartiger Faktoren wären gefährdete Kinder als Teil einer Zielgruppe präventiver Maßnahmen identifiziert. Wie schwierig es allerdings ist, eine zutreffende Prognose im Einzelfall zu stellen, wird im Folgenden anhand der Probleme bei der Vorhersage von gravierenden Schulproblemen erläutert.

Die Forschung über Schulprobleme hat eine hohe Anzahl von Faktoren ermittelt. Es lassen sich schülerspezifische, familiäre, Umwelt- sowie schulische und unterrichtliche Faktoren unterscheiden (s. Abschnitt 1.3).

Die Bedeutung einzelner Bedingungsfaktoren der Schulleistung wird in der Fachliteratur kontrovers diskutiert, zumal davon auszugehen ist, dass diese Variablen innerhalb des Entwicklungsprozesses interagieren. So beeinflusst vermutlich die Qualität des Unterrichts nicht nur die Schulleistung, sondern auch die intellektuelle Leistungsfähigkeit der Kinder einer Klasse und diese wiederum die unterrichtliche Situation. Diese Wechselwirkungen der Variablen lassen sich mit empirischen Forschungsmethoden nur bedingt erfassen. Unproblematischer ist hier die Berechnung von Zusammenhängen zwischen Variablen wie Intelligenz, Sprachentwicklungsstand, Bildungsniveau der Eltern oder Unterrichtskonzept einerseits und späteren Ergebnissen in Schulleistungstests andererseits. Durchgängig zeigen Korrelationsstudien ein ähnliches Bild: Keine der bisher untersuchten Variablen weisen einen hohen Zusammenhang ($r > 70$) zur Schulleistung auf. Die höchsten Korrelationen bestehen zwischen der Schulleistung und kognitiven Fähigkeiten bzw. dem bereichsspezifischen Vorwissen der Kinder sowie der Qualität und der Quantität des Unterrichts und der Qualität der häuslichen Umwelt. Sie liegen etwa zwischen $r = 0.30 – 0.50$ (Helmke & Weinert, 1997). Bisher lässt sich keine Variable identifizieren, die einzeln als guter Prädiktor zur Vorhersage von Schulleistungen geeignet erscheint. Stattdessen ist zu konstatieren, dass die Entwicklung der Schulleistungen von einer Vielzahl von Faktoren abhängig ist (vgl. hierzu Abschnitt 1.3). Die Erkenntnisse über eine multifaktorielle Bedingtheit von Schulleistungen sind als Ausgangspunkt für eine spezifische Forschung anzusehen: die Untersuchung des Bedingungsgefüges von Schwierigkeiten im Lesen, Schreiben und Rechnen oder in einzelnen Schulfächern. Gerade das Erkenntnisinteresse „Prävention" zwingt zur Entwicklung von genaueren Modellen der Entwicklung von spezifischen Wissenssystemen, Fertigkeiten und Kompetenzen.

Auf der Grundlage valider theoretischer Modelle ist es möglich, über die Ermittlung eines Risikoindexes die Zugehörigkeit eines Schülers zu einer Risikogruppe zu ermitteln. Erstmals ist dies im deutschsprachigen Raum mit dem Bielefelder Screening zur Früherkennung von Leserechtschreibschwäche (BISC) gelungen (Jansen, Mannhaupt, Marx & Skowronek, 1999). Das BISC ist als Prototyp eines angemessenen Verfahrens zur Identifikation einer Risikogruppe anzusehen. Als empirisch und theoretisch evidente Vorläuferfähigkeiten des Schriftspracherwerbs gelten im BISC die phonologische Bewusstheit, die Kurzzeitgedächtniskapazität, die Geschwindigkeit des Abrufes aus dem Langzeitgedächtnis sowie die visuelle Aufmerksamkeit. Diese Fähigkeiten werden im BISC mittels acht Aufgabengruppen überprüft. Bei besonders niedrigen Leistungen werden jeweils Risikopunkte im Kompetenzprofil des Kindes vermerkt. Abhängig vom Zeitpunkt der Messung der Fähigkeiten wird ein Kind bei einer bestimmten Anzahl von Risikopunkten als gefährdet in Hinblick auf die Entwicklung einer Leserechtschreibschwäche eingestuft. Die prognostische Validität des Verfahrens gilt als erwiesen. Die zukünftige Forschung sollte sich auf die Entwicklung methodisch vergleichbar konzipierter Screeningverfahren für z. B. Rechenschwäche oder weitere Schulleistungsprobleme (in verschiedenen Lernbereichen und Klassenstufen) zentrieren.

In der Praxis sind bei der Zuweisung eines Kindes zu einer Risikogruppe, auch dann, wenn weit entwickelte Screeningverfahren vorliegen, zumindest zwei Fehlerquellen zu beachten: 1. die mangelnde Berücksichtigung von Schutzfaktoren, 2. die Tendenz zur Überbewertung einzelner Risikofaktoren (vgl. Brandtstädter, 1982b).

1. *Mangelnde Berücksichtigung von Schutzfaktoren*: Selbst wenn es gelingt, einen Prädiktor mit hoher Aussagekraft für das Auftreten einer Fehlentwicklung zu ermitteln – z. b. bei einer bestimmten Anzahl von Risikopunkten liegt die Auftretenswahrscheinlichkeit von Schulversagen im Mathematikunterricht der 3. Klasse bei 90 % –, kann letztendlich im Einzelfall nicht automatisch von einer sehr hohen Wahrscheinlichkeit des Schulversagens ausgegangen werden. Zwar gilt die aussagenlogische Verknüpfung:
   – Das Kind A weist eine Hochrisikobelastung x auf.
   – 90 % der Kinder mit der Risikobelastung x entwickeln die Störung y.
   – *Schluss I*: Das Kind A entwickelt vermutlich die Störung y.

   Genauso gilt aber, dass die Entwicklung des Kindes A auch Schutzfaktoren unterliegt, die in dem Verfahren zur Ermittlung der Risikobelastung nicht erfasst wurden. Gelänge es, diese Schutzfaktoren (x') zu messen und deren Zusammenhang zur Störung y zu berechnen, könnte gelten:
   – Das Kind A weist eine Konstellation von Schutzfaktoren x' auf.
   – 90 % der Kinder mit der Schutzfaktorenkonstellation x' entwickeln keine Störung y.
   – *Schluss II*: Das Kind A entwickelt vermutlich keine Störung y.

   Da sich die beiden Schlussfolgerungen I und II ausschließen, kann aufgrund der ermittelten Risiko- und Schutzfaktoren keine rationale Risikoeinschätzung erfolgen. Hieraus folgt, dass selbst bei weit entwickelten Verfahren zur Prognostik einer Fehlentwicklung eine schwer zu schätzende Irrtumswahrscheinlichkeit bei Einzelfallentscheidungen bestehen bleibt.

2. *Tendenz zur Überbewertung einzelner Risikofaktoren:* Bei der Abschätzung der Bedeutung von Risikofaktoren im Einzelfall greifen Praktiker häufig auf persönliche Erfahrungen zurück. Sie betrachten die Gruppe der Kinder mit einer Entwicklungsproblematik – z. B. umfassenden schwerwiegenden Schulleistungsrückständen – und stellen retrospektiv fest, fast sämtliche Kinder stammen aus Familien mit niedrigem Einkommen und einem niedrigen Bildungsniveau, also zu 90 % aus der unteren sozialen Schicht. Hieraus wird gefolgert, die Zugehörigkeit zur Unterschicht sei ein Prädiktor für Schulversagen. Diese Überlegung ist unzutreffend, denn nicht 90 % der Kinder der

unteren sozialen Schicht weisen deutliche Schulprobleme auf. Zwar ist die Auftretenswahrscheinlichkeit von Schwierigkeiten, schulische Anforderungen zumindest auf dem Niveau der Grundschule und der Hauptschule zu erfüllen, bei Kindern aus Familien mit niedrigem Einkommen und geringen Bildungsniveau der Eltern höher als bei Kindern aus anderen sozialen Schichten, aber dennoch erreichen über 90 % der Kindern der Unterschicht zumindest einen Schulabschluss auf dem Hauptschulniveau. Die bedingte Wahrscheinlichkeit von Schulversagen unter der Bedingung Unterschicht lässt sich eben nicht aufgrund von Beobachtungen an identifizierten Gruppen von Problemschülern retrospektiv ermitteln (dies sind „Vorhersagen im Nachhinein"), sondern nur durch Längsschnittstudien mit unausgelesenen Stichproben.

Bei der Identifikation von entwicklungsgefährdeten Kindern mangelt es an Verfahren mit hoher prognostischer Validität. Selbst wenn einzelne Risikofaktoren objektiv, reliabel und valide erfasst werden können oder es verstärkt gelingen sollte, bessere Verfahren zur Ermittlung spezifischer Risiken zu entwickeln, besteht im Einzelfall eine noch relativ hohe Irrtumswahrscheinlichkeit im Hinblick auf die Indikation präventiver Maßnahmen.

Optimistische Erwartungen einer umfassenden Vorbeugung von menschlichen Entwicklungsbeeinträchtigungen und -störungen durch Früherkennung sind also zu hinterfragen. Vermutlich kommen Kinder, die auch ohne Förderprogramm keine Störung entwickelt hätten (= falsch-positiv identifizierte Kinder), in allen Präventionsprogrammen vor. Fehlplatzierungen von falsch-positiv identifizierten Kindern sind – wie bereits erwähnt – nicht nur problematisch, weil hierdurch Ressourcen falsch genutzt werden, sondern die Betroffenen ohne Not einer Behandlung unterzogen werden.

In Anbetracht hoher Irrtumswahrscheinlichkeiten bei der Identifikation von Kindern und Jugendlichen, für die präventive Maßnahmen erforderlich sind, sind betroffene Eltern und Jugendliche und ggf. auch Kinder über vorhandene Entwicklungsrisiken möglichst so aufzuklären, dass auch die Irrtumswahrscheinlichkeiten, die diesen Aussagen anhaften, deutlich werden. Ebenso sollten die potenziellen Teilnehmer eines Präventionsprogramms über dessen Inhalte und die bisher ermittelte Wirksamkeit des Programms, ggf. auch über mit den Maßnahmen verbundene offene Fragen informiert werden, damit sie selbstständig und rational über eine Teilnahme entscheiden können. Wenn die letztgenannten Punkte in der Praxis verlässlich realisiert werden, spricht dies u. a. für die Qualität eines Programms. Diese Qualitätsansprüche können erst auf der Grundlage einer wissenschaftlich kontrollierten Entwicklung von Präventionsprogrammen eingelöst werden (s. Abschnitt 2.2).

Zu einer wissenschaftlich kontrollierten Entwicklung eines Präventionsprogramms gehört neben der Bestimmung der Zielsetzung und der Präventionsebene (primäre, sekundäre oder tertiäre Prävention) eine Konzeptentwicklung auf der Basis von Bedingungswissen zur Problematik und von Kenntnissen zur Bestimmung der Zielgruppe sowie die Entwicklung von konkreten Umsetzungsmethoden. Es genügt eben nicht, wenn man aufgrund eines vorhandenen theoretischen Konzeptes z. B. weiß, welche Vorläuferfähigkeiten des Schriftspracherwerbs trainiert werden müssen, um Leserechtschreibschwäche vorzubeugen, sondern es sollte auch klar sein, wie und mit welchen Materialien die jeweiligen Fähigkeiten vermittelt werden können. Erfolgreiche Prävention verlangt demnach sowohl theoretisch und empirisch fundiertes Wissen als auch praxisangepasste Methoden. Aber erst durch eine Programmevaluation entstehen Einblicke in die auftretenden Effekte und die Effizienz, auf deren Basis begründet entschieden werden kann, ob das Programm bereits zur Verwendung empfohlen werden kann oder ob es noch weiter modifiziert werden sollte.

Hartke (2005) schlägt vor diesem Hintergrund drei qualitativ abstufende Kategorien zur Beurteilung von präventiven Maßnahmen vor:

- Kategorie 1 – ausreichender Bewährungsgrad – empfehlenswert:
  - Maßnahme durch eine wissenschaftliche Theorie begründet *und*
  - Wirksamkeit der Maßnahme in der Praxis durch empirische Studien belegt;
- Kategorie 2 – knapp ausreichender Bewährungsgrad – bedingt empfehlenswert:
  - Maßnahme durch eine wissenschaftliche Theorie begründet *und*
  - erste Hinweise in empirischen Studien auf Wirksamkeit;
- Kategorie 3 – nicht ausreichender Bewährungsgrad – nicht empfehlenswert:

- bisher keine empirischen Hinweise auf Wirksamkeit trotz theoretischer Begründung *oder*
- deutliche empirische Hinweise auf problematische Effekte *oder*
- Praktiker berichten über Erfolge ohne ausreichend theoretische oder empirische Begründung, also ohne Hinweise auf eine allgemeine Gültigkeit (solche Berichte können eine wertvolle Anregung für die Forschung und für Hilfen im Einzelfall sein, wenn noch keine präzisen wissenschaftlichen Erkenntnisse vorliegen, sind aber nicht per se zu übernehmen).

Diese Überlegungen sprechen für eine evidenzbasierte Prävention, indem Programme bzw. Maßnahmen mit dem besten wissenschaftlichen Wirksamkeitsnachweis umgesetzt werden.

Als Fazit der Erörterung methodologischer Fragen von Prävention lässt sich festhalten:

„Die Vorbeugung von Entwicklungsstörungen und schulischen Minderleistungen ist ein hoch komplexes Forschungsgebiet und eine angemessene Präventionspraxis ist schwierig zu realisieren, denn es mangelt immer noch an validen Verfahren zur Identifikation von Risikogruppen und an nachweislich wirksamen Präventionsprogrammen. Gründe für diesen Mangel liegen vermutlich auch in den hohen methodologischen und methodischen Anforderungen, die in der Präventionsforschung zu erfüllen sind:

- systematische Programmentwicklung mit mindestens folgenden Phasen: 1. Festlegung der Präventionsebene sowie der Ziele, 2. Entwicklung von Verfahren zur Identifikation der Zielgruppe, 3. theoriegeleitete Konzeptentwicklung und 4. Evaluation;
- theoriegeleitete Prädiktorenforschung mittels Längsschnittstudien und Datenauswertung mit komplexen Methoden wie multiple Regressions-, Cluster- oder Mehrebenenanalyse;
- kontrollierte, quasi-experimentelle Feldstudien mit Follow up,
- Entwicklung von Präventionsprogrammen bis hin zur praktischen Relevanz.

Die Qualität eines Präventionsprogramms ist letztlich erst zu beurteilen, wenn es in mehreren kontrollierten Studien geprüft wurde und positive Effekte evident sind. Solange solche Forschungsergebnisse nicht vorliegen, müssen zur Beurteilung der Qualität eines Programms Kriterien wie die bisherige empirische Bewährung in z. b. kontrollierten Einzelfallstudien, die Evidenz der theoretischen Fundierung und der Angaben zur Bestimmung der Zielgruppe sowie die Praxisnähe des jeweiligen Handlungskonzepts ausreichen" (Hartke & Koch, 2008, S. 54 f.).

3

Allgemeine präventive Maßnahmen in der Schule

Bei dem Versuch, einen Überblick über allgemeine, eher unspezifische Konzepte zur schulischen Prävention zu gewinnen, sind die Präventionsstufen von Caplan (hier: primäre und sekundäre Prävention) sowie zentrale Bereiche der Schule, in denen Prävention stattfinden kann (Schuleintritt, Schulklima, Lehrerverhalten, Unterricht/Förderung) (Kretschmann, 2000), hilfreiche Ordnungsgesichtspunkte. Die folgende Darstellung der Ergebnisse einer Auswertung vorwiegend deutschsprachiger Literatur zur schulischen Prävention mit Relevanz für den Förderschwerpunkt Lernen ist nach diesen Gesichtspunkten gegliedert. Zur Aufdeckung qualitativer Unterschiede zwischen schulischen Präventionskonzepten wurden diese anhand von Kriterien, die auf den bisher dargestellten grundlegenden Überlegungen zur schulischen Prävention beruhen, kategorial beurteilt. Ziel der Analyse ist eine Übersicht über wissenschaftlich vertretbare Maßnahmen zur schulischen Prävention von schulischen Minderleistungen. Angaben zu den verwendeten Kategorien „Kategorie 1: ausreichender Bewährungsgrad – empfehlenswert", „Kategorie 2: knapp ausreichender Bewährungsgrad – bedingt empfehlenswert", „Kategorie 3: nicht ausreichender Bewährungsgrad – nicht empfehlenswert" finden sich in Kapitel 2. Die Darstellung erhebt keinen Anspruch auf Vollständigkeit, sondern es wurden praxisrelevant erscheinende Maßnahmen einbezogen.

3.1 Welche allgemeinen präventiven Maßnahmen in der Schule sind hilfreich?

Primäre schulische Prävention

In Hinblick auf die primäre Prävention von Lern- und Verhaltensproblemen werden Maßnahmen diskutiert, die verschiedene Bereiche der Schule berühren:
- *Schuleintritt:* Erleichterung des Übergangs in die Schule durch die Veränderung von Übergangsbedingungen,
- *Schulklima:* Verbesserung der allgemeinen Lebensbedingungen in der Schule,
- *Lehrerverhalten:* Training von Lehrerverhalten und Steigerung der Fähigkeit zur Konfliktlösung (Lehrertraining und Fortbildung),
- *Unterricht/Förderung:* Differenzierung, Individualisierung, Unterrichtsformen

Beim *Schuleintritt* erlebt ein Kind einen sogenannten ökologischen Übergang. Ökologische Übergänge gelten als latent krisenhaft, weil sie mit neuen Entwicklungsaufgaben einhergehen. Es werden neue Verhaltensweisen (z. B. still sitzen, sich melden) und Bewältigungsstrategien (z. B. sich anstrengen, bei einer Sache bleiben) vom Kind verlangt. Da diese Kenntnisse und Fertigkeiten überwiegend nicht durch Reifungsprozesse entstehen, sondern durch Lernprozesse, erscheint es günstig, Kindern vor und nach dem Schuleintritt gezielt die Kompetenzen zu vermitteln, welche für schulisches Lernen hilfreich sind. Möglichkeiten hierzu sieht Kretschmann (2000) in
- dem holländischen Konzept der Einschulung nach dem 4. Lebensjahr und einer sich anschließenden dem Kindergärten ähnlichen Schule,

in der im Laufe der ersten Jahre schulische Arbeitsweisen sukzessive eingeführt werden,
- dem britischen Modell der infant school, in dem die Kinder nach dem 5. Lebensjahr eingeschult und in einer Mischung aus Kindergartenerziehung und Schule schrittweise an ein vorwiegend schulisches Lernen herangeführt werden,
- einer stärkeren Betonung von schulvorbereitenden Aktivitäten in der Vorschulpädagogik im Sinne einer Harmonisierung der Konzepte von Vorschul- und Grundschulpädagogik,
- einer, die Übergangsproblematiken berücksichtigen Anfangsphase in der Grundschule, in der kindergartenähnliche Aktionsformen vorherrschen,
- einer Kooperation zwischen Vorschulerziehern und Lehrern, innerhalb derer Besuche von Vorschulgruppen in der Schule stattfinden, Erzieher schulische Anforderungen im Kindergarten simulieren und Kenntnisse über den Entwicklungsstand der Kinder an die aufnehmenden Klassenlehrer weitergeben, insbesondere über Kinder mit einem besonderen Unterstützungsbedarf sowie einer intensive informierende Beratung der Eltern dieser Kinder über Schule und Unterricht.

Vergleichsstudien über die Auswirkungen verschiedener Einschulungsmodi liegen bisher nicht vor. Die vorwiegend entwicklungsökologisch (Bronfenbrenner, 1974) begründete These einer notwendigen Harmonisierung von Vorschul- und Grundschulpädagogik wird durch kognitionspsychologische Erkenntnisse aus der Angst- und Stressforschung gestützt (Holtz & Kretschmann, 1982; Lazarus & Launier, 1978). Hiernach verursachen Situationen, die eine Person als unklar und überfordernd erlebt, Hilflosigkeit und Angst. Dem kann in der Schule durch klare und überschaubare Umweltbedingungen und Anforderungen vorgebeugt werden. Offen bleibt bei einem Konzept, in dem Umweltanforderungen gemindert werden, die Frage nach dem richtigen Ausmaß und der Art der Reduktion von Anforderungen. Situationen, die zwar als diskrepant zu den eigenen Bewältigungsmöglichkeiten erlebt werden, bieten aber auch die Chance der persönlichen Weiterentwicklung (Holtz, 2000, S. 772).

Die bisher aussagekräftigste Untersuchung zum Einfluss des *Schulklimas* auf Schüler wurde von Rutter, Maughan, Mortimore und Ouston (1980) durchgeführt. In einer Längsschnittuntersuchung über einen Zeitraum von 1969 bis 1980 wurden 12 secondary schools im Londoner Innenstadtbereich hinsichtlich ihrer pädagogischen Wirksamkeit untersucht. Als abhängige Variablen wurden vier Schülervariablen erfasst: Anwesenheit im Unterricht, Verhalten im Unterricht, Lernerfolg und Delinquenz (außerschulisch). Diese wurden in Beziehung zu strukturellen, administrativen und situativen, pädagogischen Bedingungen gesetzt. Wider aller Erwartung konnte kein Zusammenhang zwischen äußeren schulischen Bedingungen (Schulträgerschaft, Geschlechterverteilung, räumliche Kapazität, Klassenfrequenz, Alter und Größe des Gebäudes, numerische Schüler-Lehrer Relation sowie äußere und innere Differenzierungsformen) und den definierten Wirkvariablen festgestellt werden. Hohe signifikante Zusammenhänge ($p = 0,05$; $r > 0,5$) ergaben sich allerdings zu den situativen, pädagogischen Bedingungen. In Tabelle 2 sind zur Erläuterung einige ausgewählte Ergebnisse wiedergegeben.

Schulen, in denen ein Klima der Kooperation zwischen Lehrkräften und zwischen Lehrkräften und Schülern herrscht, Lehrer die Unterrichtszeit für schulisches Lernen nutzen, positive Leistungen gefordert und beachtet sowie Schüler in die Verantwortung einbezogen werden, bewirken hiernach einen besseren Lernerfolg, eine höhere Anwesenheit, ein angemessenes Schülerverhalten sowie eine niedrigere Delinquenzrate.

Für einen Einfluss der Gesamtatmosphäre einer Schule auf die individuelle Entwicklung von Kindern sprechen ebenfalls Ergebnisse der amerikanischen Forschung zum schulischen Vandalismus (Kauffman, 1989, S. 296). Vage Schulregeln, strafende Disziplinierungen, rigide Bestrafungen ohne Rücksicht auf individuelle Unterschiede zwischen den Schülern, unpersönliche Beziehungen zwischen Schülern und Schulpersonal, ein wenig auf Interesse und Fähigkeiten der Schüler eingehender Unterricht sowie wenig Beachtung angemessener Leistungen bedingen Schulvandalismus mit. Kauffman berichtet von Präventionserfolgen bezüglich Schulvandalismus durch die Schulung von Schulpersonal in Hinblick auf die Gestaltung einer positiven Schulatmosphäre. Hierdurch konnten die Kosten, die durch Vandalismus verursacht wurden, an 23 in ein Programm einbezogenen Schulen um 73,5 % verringert und die schulische Lernzeit der Schüler gesteigert werden.

Tabelle 2: Ausgewählte Ergebnisse der Studie von Rutter, Maughan, Mortimore und Ouston (1980) – Korrelationskoeffizienten zwischen Wirk- und Bedingungsvariablen

Anwesenheit	Schülerverhalten	Lernerfolg	Delinquenz
Koordinierte Curriculumplanung (0,66) Effektive Unterrichtszeit (0,63) Pünktlichkeit der Lehrer (0,53)	Häufigkeit von Hausaufgaben (0,76) Öffentliches Lob (0,76) Lob im Unterricht (0,76) Lehrer am Thema (0,72) Verantwortlichkeit für Lernmittel (0,72) Disziplinierung (0,66) Stillarbeit (0,66) Pflege und Gestalt der Räumlichkeiten (0,64) Beratungsangebote auch außerhalb der Sprechstunde (0,62)	Umfang der Hausaufgaben (0,61) Benutzung der Schulbibliothek (0,64)	Zugehörigkeit zur selben Stammklasse seit Sekundärschuleintritt (0,88) Lob im Unterricht (0,87) Verantwortlichkeit für Lernmittel (0,80) Koordinierte Curriculumplanung (0,78) Strafarbeiten (0,62) Allgemeine Verbindlichkeit von Regeln (0,62)

Wesentliche Programmbestandteile waren: vermehrtes Lob bei angemessenem Schülerverhalten, eine Zusammenarbeit mit Bürgern zur Schulhofverbesserung und Aktivitäten wie Öffentlichkeitsarbeit mit den Bemühungen der Schule, Vandalismus zu beseitigen. Die präventive Wirksamkeit eines positiven Schulklimas, das sich kennzeichnen lässt über einen hohen Grad der Kooperation aller am Schulleben beteiligter Personen, klare Regeln, Lob für Leistung und angemessenes Verhalten, individuelles Eingehen auf Fehlverhalten und Lernprobleme, persönliche Beziehungen zwischen Lehrern und Schülern und zeitlich stabile Beziehungen zwischen den Schülern sowie guten Unterricht mit einer hohen aktiven Lernzeit der Schüler, kann als erwiesen angesehen werden. Theoretisch lassen sich die erzieherischen Effekte der schulischen Gesamtatmosphäre sowohl ökologisch, lerntheoretisch als auch systemisch erklären.

Angaben zu den Effekten von Trainings des *Lehrerverhaltens* gehen überwiegend nicht auf Effekte des Trainings im Schulalltag ein, sondern beschränken sich auf Angaben zu Trainingseffekten innerhalb der Trainingssituation oder bescheiden sich mit Erfahrungsberichten (Pallasch, Mutzeck & Reimers, 1996). Insbesondere Mutzeck (1988) thematisiert den Transfer von Trainingsinhalten in den Berufsalltag. Selbst ein guter Trainingsverlauf und eine hohe Motivation zum Training gewährleisten nach den Ergebnissen seiner qualitativen Studien mit Lehrern nicht die Umsetzung von erlernten Handlungen. Deshalb müssen Berichte über Trainingserfolge in Hinblick auf eine Praxisveränderung eher angezweifelt werden. Fordert man nicht nur eine erfolgreiche Umsetzung von Trainingsinhalten in die Praxis, sondern darüber hinaus Angaben über pädagogische Effekte, so findet man nur wenige diesbezügliche Studien. Im deutschsprachigen Raum gilt das Konstanzer Trainingsmodell (KTM) als evaluiertes Programm. Es finden Übungen zur Wahrnehmung und Interpretation eines auffälligen Schülerverhaltens (Situationsauffassung), Auswahl der Reaktion oder Maßnahme (Handlungsauffassung), Durch- und Ausführung einer Maßnahme (Handlungsausführung) sowie zur Bewertung des Erfolgs anhand des angestrebten Ziels (Handlungsergebnisauffassung) statt. Die Übungen bauen sowohl auf kommunikations- und lerntheoretischen Überlegungen als auch dem Ansatz der humanistischen Psychologie auf und sind für die Partnerarbeit von jeweils zwei Lehrkräften ausgelegt. Einen wesentlichen Bereich nimmt die Vermittlung von Kenntnissen über Interventionen ein (Tennstädt, Krause, Humpert & Dann, 1987). Die Evaluation des Trainings fand in den Jahren 1985 und 1986 in einem Kontrollgruppenvergleich mit behandelter Kontrollgruppe statt. Das KTM wurde hierzu an 37 Hauptschullehrern aus Baden-Württemberg erprobt und mit einem Lehrgang „Lehrerverhalten und Disziplinprobleme in der Hauptschule" eines Fortbildners aus dem Bereich der Lehrerbildung mit 22 Teilnehmern verglichen. Die Autoren des KTM berichten von deklarativen Kompetenzzuwächsen sowie einer aktiveren Problembewältigung der Teilnehmer beider Kurse. Des Weiteren nahmen Aggressionen gegenüber den beteiligten Lehrern ab. Die KTM-Gruppe zeigte Vorteile im Bereich der präzisen Wahrnehmung von Schüleraktivitäten und in der Wahl von integrativen (Kompromisse vorschlagen, Ermutigungen, Einfühlen) an Stelle von punitiven Maßnahmen (Drohen, Bestrafen, Herabsetzen). Zusammenfassend bewerten die Autoren das KTM als eine wirksame Alternative zu traditionellen Fortbildungsveranstaltungen, mit dem Vorteil, dass die Lehrkräfte sich selbst und individuell abgestimmt, ohne den Besuch externer Veranstaltungen, fortbilden (Tennstädt & Dann, 1987, S. 67).

In einem experimentellen Design mit dreistufiger Variation untersuchte Borchert (1995) die Effektivität unterschiedlicher Formen der Rückmeldung zum Lehrerverhalten. In dem Forschungsprojekt sollte erfasst werden, „ob das Unterrichts- und Erziehungsverhalten von Lehrkräften durch videogestützte Rückmeldungen über ihren Unterricht bedeutsam verbessert und stärkere Veränderungen im Erziehungsverhalten erzielt werden als allein durch eine auf gesprächstherapeutischer Basis aufgebaute verbale Rückmeldung (ohne Video) und ob am realen Unterrichtsgeschehen orientiert systematische Rückmeldungen zu nachweisbaren Veränderungen im Erziehungsverhalten der Lehrkräfte führen" (S. 275). Eine umfangreiche Datenerhebung und -auswertung in Hinblick auf Dimensionen des Lehrerverhaltens sowie auf das Lehrerzuwendungsverhalten führte u. a. zu den folgenden Ergebnissen:

- Trainingsbedingte Veränderungen in Dimensionen des Lehrerverhaltens konnten nicht nachgewiesen werden.
- Das Lehrerzuwendungsverhalten war unter dem Einfluss beider Trainingsformen stabil, in der Kontrollgruppe waren extreme Schwankungen zu beobachten.
- Die Annahme einer Überlegenheit videogestützter Rückmeldungen erwies sich als nicht zutreffend.
- Eine spezifische Verhaltensänderung gegenüber bestimmten Schülergruppen (z. B. störende Schüler) konnte nicht erreicht werden.

Insgesamt beurteilt Borchert die Effekte des Trainings mit videogestützten und verbalen Rückmeldungen zum Lehrerverhalten nur als leichte Verbesserungen.

Erkenntnisse über die präventive Wirksamkeit eines Trainings des Lehrerverhaltens in Empathie, Echtheit und Anteilnahme auf Schülerleistungen wurde von Aspy, Roebuck und Aspy 1984 ermittelt (Goetze, 2001). Ergebnisse von Erhebungen in 1000 Schulklassen mit

10 000 Schülern, die von 600 Lehrern unterrichtet wurden, konnten in einer Kontrollgruppenuntersuchung berücksichtigt werden. Die Lehrkräfte der experimentellen Gruppe hatten durch ein Training ihr empathisches Verhalten gegenüber Schülern deutlich gesteigert. Erwartungsgemäß steigerten sich in diesem Zusammenhang die Schülerleistungen im Lesen, Rechnen und im Englischen signifikant. Je jünger die Schüler waren, desto mehr profitierten sie von dem veränderten Lehrerverhalten. „Ein anderes Teilergebnis dieser Untersuchung betraf die affektiven Schülervariablen, z. B. das Selbstkonzept der Schüler: In den Klassen drei bis sechs sowie sieben bis zwölf zeigten sich diesbezüglich hochsignifikant positive Differenzen zwischen Versuchs- und Kontrollklassen. Schließlich erwies sich auch, dass Schüler der Versuchsklassen signifikant weniger Abwesenheitstage aufzuweisen hatten …" (Goetze, 2001, S. 49). Die von Aspy et al. ermittelten Ergebnisse sprechen für die Durchführung von Lehrertrainings im Anschluss an Überlegungen der humanistischen, personenzentrierten Psychologie (Gordon, 1989; Goetze, 1989b; Rogers, 1974; Tausch & Tausch, 1979).

Eine weitere Dimension des Lehrerverhaltens bezieht sich auf die Organisation der Abläufe in Klassen und die Fähigkeit des Lehrers, mit schwierigen Situationen umzugehen. Verschiedene empirische Befunde weisen auf die zentrale Bedeutung eines effektiven Classroom Managements für die Vorbeugung von Unterrichtsstörungen hin. Kounin (2006) belegte bereits in den 70er Jahren, dass Allgegenwärtigkeit und Überlappung (gleichzeitiges Reagieren auf verschiedene Probleme) Reibungslosigkeit und Schwung, Gruppen mobilisierende Aktivitäten im Lehrerverhalten und intellektuelle Herausforderungen im Unterricht sowie abwechslungsreiche und herausfordernde Stillarbeiten Unterrichtsstörungen vorbeugen. Lehrkräfte mit einer geschickten Klassenführung nutzen die vorhandene Unterrichtszeit konsequenter für schulisches Lernen und erzielen in Schulklassen höhere Leistungsniveaus und Lernfortschritte (Einsiedler, 1997). Einen Überblick über zentrale Aspekte eines effektiven Classroom Managements geben Hennemann und Hillenbrand (2010).

Primäre Prävention von Schulleistungsrückständen im *Unterricht* beruht im Wesentlichen auf der Strategie, Lernangebote und individuelle Lernvoraussetzungen aufeinander abzustimmen und durch *Differenzierung* und *Individualisierung* zur Passung zu bringen. „Starre, nichtadaptive Lern- und Entwicklungsumwelten produzieren nicht nur Schulleistungsversagen, sondern wegen der in ihnen auftretenden Über- und Unterforderungen auch psychische Belastungen, Stress und damit verbundene Folgeprobleme auf verschiedenen Ebenen (Individuum, Familie, Schule, Gesellschaft ...)." (Brandstädter, 1982a, S. 283). Schülerinnen und Schüler können sich nur dann am Unterricht beteiligen, wenn Erklärungen, Impulse, Veranschaulichungen und die Lehrersprache verständlich sind, der Unterricht hinsichtlich des Schwierigkeitsgrades und der Menge der Aufgaben ihren Leistungsfähigkeiten entspricht und entwicklungsbedingte Lernvoraussetzungen (motivationale Lernausgangslage, Konzentrationsfähigkeit, kognitive, motorische sowie emotionale und soziale Entwicklung) berücksichtigt werden. Die Beachtung von fach-didaktischen und curricularen Standards bei der Planung und Durchführung von Unterrichtsstunden und -einheiten erleichtert das Lernen und fördert die Mitarbeit. In heterogen zusammengesetzten Lerngruppen sind außerdem Maßnahmen der inneren Differenzierung notwendig: zeitlich begrenzte flexible Gruppeneinteilung entsprechend des Leistungsstandes, Variation der Aufgaben im Niveau und in der Anzahl, gezielte Hilfen durch Lehrer, zusätzliche Hilfen für bestimmte Schüler (z. B. Computer, peer-tutoring), freie Aufgaben, die auf verschiedenen Lernniveaus bewältigt werden können.

Einen Spezialfall der inneren Differenzierung stellt die Individualisierung dar: Die Prinzipien der inneren Differenzierung werden nicht mehr auf Gruppen in der Klasse, sondern auf einzelne Schüler angewandt. Voraussetzung für den Einsatz dieses Verfahrens ist ein hierarchisch aufbereiteter Lernstoff und eine kontinuierliche lernprozessbegleitende Diagnostik. Als besonders wirksam erweist sich bei lernschwachen Schülern eine *Verbindung von individualisierten Lernprogrammen und positiver Verstärkung*. Lehrerzentrierte direkte Instruktionen, durch die kleinschrittig Unterrichtsinhalte erarbeitet und „eingeschliffen" werden, sind eine der effektivsten *Unterrichtsformen*, insbesondere dann, wenn es um die Vermittlung von Fertigkeiten und Wissen geht. In Studien über die Wirksamkeit unterschiedlicher Unterrichtsformen zeigte sich, dass insbesondere die gelungene Passung von unterrichtlichen Lernanforderungen und Lernvoraussetzungen (Differenzierung, Individualisierung) einen effektiven Unterricht kennzeichnen, relativ unabhängig vom Unterrichtskonzept (Borchert, 1996, Hartke, 2000c).

Mit der Unterrichtsform des *Adaptiven Unterrichts* (s. Kapitel 5) ist es gelungen, die empirisch bewährtesten Unterrichtselemente in einem Konzept zu integrieren. Eine Vielzahl an Studien belegt die Wirksamkeit direkter lehrergesteuerter Instruktionen und lückenschließenden, zielerreichenden Lernens hinsichtlich gesteigerten Wissens und anwachsender Fertigkeiten. Insbesondere schwache Lerner profitieren von einer gezielten Steuerung des Lernens, indem die Lehrkraft den Unterrichtsstoff in überschaubare Lerneinheiten gliedert, die entscheidenden Inhalte entwickelt und vermittelt und durch Aufgabenstellung und Fragetechnik Kenntnisse und Fertigkeiten einschleift sowie den Lernzuwachs rückmeldet. Die Kombination bewährter lehrerzentrierter Interaktionsformen mit schülerzentrierten Elementen führt bei fachgerechter Implementierung des Adaptiven Unterrichts zu erfolgreichen schulischem Arbeitsverhalten, besserem Sozialverhalten, gesteigerter Lernmotivation und Eigenverantwortung für das Lernen sowie zu deutlich gesteigerten Schulleistungen. Die Auswertung verschiedener Studien über selbst- und fremdgesteuertes Lernen erhärtete die bisherigen Forschungsergebnisse über die Vorzüge Adaptiven Unterrichts (Hartke, 2000c; Schiefele & Schreyer, 1994; Schiefele & Pekrun, 1996; Weinert, 1996; Wember, 2001). In einem engen Zusammenhang mit der Entwicklung des adaptiven Unterrichts stehen Forschungsergebnisse über formative Evaluationen des Unterrichts mithilfe von curriculumbasierten Messungen (CBM; Diehl & Hartke, 2007). Hierüber wird im fünften Kapitel im Zusammenhang mit dem Response to Intervention-Ansatz berichtet. Festzuhalten bleibt an dieser Stelle, dass formative Evaluationen des Unterrichts mittels CBM (bei entsprechender Güte der CBM) zu deutlichen Verbesserungen der Passung zwischen Lernvoraussetzungen von Schülern und Lernanforderungen im Unterricht führen. Hieraus resultieren signifikant bessere Lernerfolge als in Kontrollgruppen (Fuchs & Fuchs, 1986).

In Zusammenhang mit Überlegungen zu einem präventiv wirksamen Unterricht stößt man in der didaktischen Fachliteratur auf Aussagen, die Offenen Unterricht als geeignete Methode der schulischen Prävention beschreiben. Befürworter des Offenen Unterrichts verweisen u. a. auf vermehrte Gelegenheiten für Schüler zu einem selbstgesteuerten, handelnden, entdeckenden Lernen. Offener Unterricht führt ihrer Meinung nach zu:

- besseren Lernergebnissen,
- gesteigerten Personenmerkmalen (wie z. B. Kreativität, Problemlösefähigkeit, Selbständigkeit, Selbstwertgefühl, Selbstverantwortung, Kooperationsbereitschaft) und
- Abbau von Über- und Unterforderung.

Gerade das gemeinsame Lernen von Nichtbehinderten, von Behinderung bedrohten Schülern und Schülern mit Behinderungen solle mit Hilfe Offenen Unterrichts ermöglicht werden. Betrachtet man den erfahrungswissenschaftlich unterlegten Forschungsstand zum Offenen Unterricht, ergibt sich ein differenziertes Bild (Grünke & Wilbert, 2008; Hartke, 2003; Hartke, 2007):

1. Die Aussagen über Chancen Offenen Unterrichts basieren auf unpräzisen Arbeitsdefinitionen dieses Unterrichtskonzeptes. Oft ist unklar, welche Variante Offenen Unterrichts (Freiarbeit, Wochenplanarbeit, Stationslernen, Montessori- oder Freinetpädagogik ...) Basis für sehr weitreichende Überlegungen ist.
2. Metaanalysen sowie Ergebnisse einzelner methodisch hochwertiger Studien zeigen, dass traditioneller Unterricht im Vergleich zu Offenem Unterricht im Hinblick auf die Schulleistungen zu etwas besseren Resultaten führt, Offener Unterricht hingegen bewirkt im Vergleich zu traditionellem Unterricht im nicht leistungsbezogenen Bereich (Einstellung zu Schule und Lehrern, Kooperativität, Kreativität, Selbständigkeit) etwas günstigere Ergebnisse.
3. Insbesondere durch eine Steigerung der Qualität des Unterrichtsmaterials als auch der lernbegleitenden Anleitung sowie durch eine Erhöhung der Lernzeit im Unterricht lassen sich die Schulleistungen im Offenen Unterricht verbessern.
4. Strukturierende Lernhilfen (adaptiertes Unterrichtsmaterial, klare Instruktionen) scheinen vor allem für leistungsschwächere Schüler unabdingbar für einen Lernzuwachs zu sein.
5. Ein dem traditionellen Unterricht deutlich überlegener Offener Unterricht kann vermutlich nur von Lehrkräften realisiert werden, die sowohl fachdidaktisch als auch pädagogisch-psychologisch ein noch näher zu bestimmendes hohes Kompetenzniveau aufweisen.
6. In der Pädagogik bei besonderem Förderbedarf erweist sich ein Unterricht, der sich an die Lernvoraussetzungen der Schüler anpasst,

als notwendig. Ein solcher Unterricht kann durch einen qualitativ hochwertigen Offen Unterricht realisiert werden, indem die Lernangebote an die Lernausgangslage adaptiert werden.

Aussagen verschiedener Befürworter Offenen Unterrichts über die pädagogischen Chancen, die mit diesem Konzept einhergehen, erscheinen in Anbetracht von begrifflichen Schwächen als auch von Forschungsergebnissen als zu optimistisch. Zwar erscheint aus sonderpädagogischer Sicht im Kontext schulischer Prävention im Förderschwerpunkt Lernen eine Unterrichtsreform in der Allgemeinen Schule im Sinne eines ausgleichenden, differenzierenden Unterrichts wünschenswert; aber es wäre falsch zu glauben, die Mehrheit der Regelschullehrkräfte lasse sich auf ein vages Reformkonzept ein. Selbst wenn dies der Fall wäre, erscheint die Frage nach dem pädagogischen Nutzen einer solchen, häufig geforderten Reform zur Zeit noch völlig offen. Betrachtet man die Forschungs- und Erfahrungsberichte zum Offenen Unterricht genauer, wird deutlich, dass ein hochwertiger Offener Unterricht (vertretbare Effekte im Leistungsbereich und im nicht leistungsbezogenen Bereich) im Wesentlichen auf einer hohen Qualität des Unterrichtsmaterials und einer gelungenen Passung von Aufgaben und Lernvoraussetzungen der Schüler und einer damit einhergehenden hohen Kompetenz der Lehrkräfte beruht. Außerdem erhielten insbesondere die Schüler mit Lern- und Verhaltensproblemen gezielte Hilfen. Es erscheint fraglich, ob die Verwendung des Labels „Offener Unterricht" für einen solchen, in Teilbereichen stark strukturierten Unterricht passend ist. Geeigneter erscheint der Begriff Adaptiver Unterricht (s. o. und Kapitel 5).

3.2 Welche eher allgemeinen sekundär präventiven schulischen Maßnahmen wirken präventiv?

Ähnlich wie primäre lassen sich sekundäre Maßnahmen schulischer Prävention verschiedenen Praxisbereichen der Schule zuordnen.

- *Schuleintritt:* Erleichterung des Übergangs in die Schule durch kompensatorische Erziehung in beispielsweise Schulkindergarten oder durch eine veränderte Eingangsstufe,
- *Förderung:* Förderunterricht, Beratung von Schülern, Früherkennung und Frühbehandlung durch Einzelfallhilfe,
- *Schulklima:* Programme gegen Gewalt an Schulen,
- *Lehrerverhalten:* Beratung und Supervision.

Die fachlich diskutierten sekundärpräventiven schulischen Maßnahmen unterscheiden sich inhaltlich deutlich.

Zur Erleichterung des Übergangs von benachteiligten Kindern in die Schule wurden Programme der kompensatorischen Erziehung vor Eintritt in die Schule entwickelt. Sie zielen zum einen auf allgemeine Verbesserungen von Lebensbedingungen sowie der Entwicklung von benachteiligten Kindern ab, zum anderen handelt es sich um spezielle Trainings von z. B. der Wahrnehmung, des Gedächtnisses, des Problemlösens und der Sprache. Das bekannteste Programm „Head Start", das bisher in den USA zwölf Millionen Kinder erreicht hat, variiert regional in den Angeboten. Idealtypisch lassen sich drei Programmschwerpunkte unterscheiden:
- Beratung und Training der Mutter in der Familie – entwicklungsfördernde Verhaltensweisen werden mit der Mutter erarbeitet, Erziehungsprobleme erörtert, kindgemäße Verfahren der Verhaltenskontrolle eingeübt,
- Förderung des Kindes in der Familie – mehr oder minder offene Spielaktivitäten zur kognitiven und/oder sozialen Förderung oder hoch strukturierte Funktionstrainings z. B. der Sprache werden ein- bis zweimal wöchentlich oder sogar täglich in der häuslichen Umgebung durch eine Fachkraft durchgeführt,
- Förderung des Kindes außerhalb der Familie: in Kinderkrippe, Kindergarten, Frühförderzentren oder bei einer Tagesmutter werden hochstrukturierte Funktionstrainings durchgeführt und/oder offene Spielsituationen in emotionaler und sozialer Geborgenheit geschaffen.

Die konkreten Methoden der Beratung und des Trainings mit Eltern und der Förderung des Kindes variieren regional entsprechend der theoretischen Orientierung der jeweiligen Head-Start-Mitarbeiter. Die Wirksamkeit von Head-Start-Programmen ist mehrfach untersucht worden. Eine vergleichende Zusammenfassung diesbezüglicher Studien nahm 1974 Bronfenbrenner vor. Wember (2000, S. 320) fasst die Ergebnisse wie folgt zusammen:

- „Alle Programme zeitigen, je nach Programmziel, kognitive und/oder emotional-soziale Effekte, die höher sind als in Kontrollgruppen; dies gilt für die direkte wie für die indirekte Förderung, innerhalb und außerhalb der Familie …
- Es lassen sich nicht eindeutig überlegene Programmansätze identifizieren, vielmehr gilt, dass jedes Programm an manchen Orten erfolgreich, an anderen Orten weniger erfolgreich realisiert worden ist.
- Die Effekte der frühen Förderung verschwinden schon im ersten Schuljahr; die Unterstützung der Familien sollte über die Vorschulzeit hinaus ausgedehnt werden und die Schulen müssen umgestaltet werden, damit sie eine differentielle Förderung benachteiligter Kinder gewährleisten können."

Die Ergebnisse Bronfenbrenners wurden durch die weitere Forschung zur Vorschulerziehung weitgehend bestätigt. Durch Frühförderung gelingt es zwar nicht, gefährdeten Kindern gleiche Bildungschancen wie nicht gefährdeten Kindern einzuräumen, aber ihre Bildungschancen lassen sich verbessern, insbesondere dann, wenn die zusätzliche Förderung nicht mit dem Schuleintritt endet (Goetze, 1991b; Perrez, 1994; Wember, 2000).

Das prototypische Beispiel für die *Förderung* gefährdeter Kinder in der Schule ist das mit dem Namen Emroy Cowen verbundene Primary Mental Health Project (PMHP). Es basiert auf der Zusammenarbeit von Lehrern und geschulten Laienhelfern (child aides) mit einem Projektstab aus Psychologen, Ärzten und Sozialarbeitern, die als Berater, Koordinatoren und Supervisoren fungieren. Der Risikostatus der Kinder wird nach Schuleintritt mit diagnostischen Mitteln bestimmt. Für Risikogruppen eines Jahrgangs (ca. 30 % der Kinder!) wird ein individuelles Förderprogramm bestehend aus spezifischer Förderung, Lehrer- und Elternberatung sowie Hilfen durch die Laienhelfer entwickelt. Hinzu kommen regelmäßige Fallkonferenzen zwecks Erfahrungsaustausch zwischen den beteiligten erziehenden Personen sowie Begleitseminare und Diskussionsabende. Aufgrund der hohen Anzahl der geförderten Kinder findet häufig Kleingruppen- statt Einzelförderung statt und Hilfskräfte beteiligen sich auch an der Elternarbeit. Auf bestimmte Krisen wie Scheidung oder Tod der Eltern wird durch Krisenintervention reagiert und die Förderung ausagierender Kinder wird durch Schulung der Laienhelfer optimiert.

Zum Nachweis von positiven Effekten des PMHP fanden zahlreiche Untersuchungen statt (Cowen, 1980). Trotz methodischer Mängel vermitteln sie den Eindruck, dass das Programm von Eltern und Lehrern angenommen wird, sich die Einstellungen der Kinder zur Schule und ebenso das Leistungs- und Sozialverhalten zumindest für kürzere Zeiträume bessern. Cowen selbst bemängelt am PMHP, dass aufgrund der vorhandenen Programmerfolge Alternativen übersehen werden könnten und dass nicht jedem Kind geholfen werden konnte, insbesondere die primäre Prävention sei auszubauen (S. 146).

Für Schulkinder der ersten Klassen, die in Armut leben oder in anderer Hinsicht benachteiligt waren, entstanden gegen Ende der sechziger Jahre in den USA im Übergang von Vorschul- zur schulischen Förderung die Programme Follow-Through und Title 1/Chapter 1. Inhaltlich reichen die entwickelten Maßnahmen von spezifischen Lese-Rechtschreibtrainings bis hin zur Förderung sozialer Kompetenz und von Selbstvertrauen oder von Elternaktivität. Die leistungsbezogene Förderung fand mit unterschiedlichen Konzepten statt und konzentrierte sich auf die Förderung des Lesens, Schreibens und Rechnens während und außerhalb des Unterrichts. Kinder aus Migrantenfamilien erhielten muttersprachlichen Unterricht. Die Evaluationsergebnisse von Follow-Through zeigen, dass hoch strukturierte Programme der Leistungsförderung durch direkte Instruktion die deutlichsten Effekte brachten. Bei allen anderen Programmen kamen auch eine Reihe von Nullergebnissen und negative Effekte vor.

Die Ergebnisse zu Title 1/Chapter 1 spiegeln außerdem die Ergebnisse klassenbegleitenden Förderunterrichts in Kleingruppen wider. Im Gegensatz zu den hoch strukturierten Lese-, Rechtschreib- und Rechenförderprogrammen innerhalb von Follow-Through erwies sich ein Förderunterricht als Zusatz zum Klassenunterricht als wenig effektiv, die Effekte sind – falls überhaupt vorhanden – von geringer Stärke und verschwinden schnell nach der Beendigung des Förderunterrichts.

„Vermutlich ist die Intensität der Intervention Förderunterricht nicht ausreichend, um die gravierenden Schulleistungsprobleme ausländischer und soziokulturell benachteiligter Kinder auszugleichen, nicht zuletzt, weil vermutet werden muss, dass viele Lehrerinnen und Lehrer im Förderunterricht keinen individualisierten adaptiven Unterricht anbieten, sondern den gewohnten Unterricht wiederholen" (Wember, 2000, S. 321). Am wirksamsten erweist sich Förderunterricht für gefährdete Kinder beim Rechnen in den unteren Schulklassen und beim Lesen in höheren Schulklassen.

Im deutschsprachigen Raum gelten Zurückstellungen vom Schuleintritt als hilfreich für die Entwicklung von Schülern. Die Erkenntnis der relativen Unwirksamkeit dieser Maßnahmen setzt sich erst langsam durch. Die Schülerzahlen für Zurückstellungen variierten noch 1992/93 zwischen den Bundesländern von 5 % bis 15 %. Ebenso gilt das Wiederholen von Klassen in Deutschland immer noch als Fördermaßnahme, obwohl internationale und nationale Studien dagegen sprechen. Die Mehrheit versetzter leistungsschwacher Schüler zeigt in der Regel keine schlechteren Leistungen nach einem Jahr als nicht versetzte Vergleichsschüler. Klassenwiederholungen führen aber bei einem erheblichen Anteil der Schüler zu einem um ein bis drei Jahre verzögerten Schulabschluss (Hildeschmidt, 1998, S. 993). Bless, Schüpbach und Bonvin (2005) analysieren sehr differenziert verschiedene Studien zum Thema Klassenwiederholung. Zudem legen sie eigene Forschungsergebnisse vor. Sie weisen darauf hin, dass gerade Deutschland und die Schweiz hohe Quoten an Klassenwiederholungen aufweisen (um 3 % eines Jahrgangs). Etwa jedes fünfte Kind ist innerhalb seiner Schulzeit von einer Repetitionsentscheidung betroffen. Diese Entscheidungen unterliegen einer Vielzahl von Bedingungen, die tatsächliche Schulleistung der Kinder ist hierbei nur bedingt von Bedeutung. Entscheidender sind die Einstellung des Lehrers gegenüber Klassenwiederholungen und die Wahrnehmung und Beurteilung des betroffenen Schülers durch den Lehrer. „Der Umstand, bei welcher Lehrperson ein schwaches Kind zufällig die Klasse besucht, wird den Entscheid für oder gegen eine Repetition maßgeblich vorstrukturieren" (S. 308). In Folge von Klassenwiederholungen treten zwar kurzfristig Erfolge zu Beginn des Schuljahres auf, das auf die Repetitionsentscheidung folgt. Die betroffenen Kinder finden leistungsmäßig Anschluss an ihre neue Klasse. Dieser Effekt ist aber meist am Ende der wiederholten Klassenstufe bereits nicht mehr vorhanden. In Anbetracht des Forschungsstandes und eigener Untersuchungsergebnisse empfehlen Bless, Schupbach und Bonvin (2005, S. 309), Klassenwiederholungen als Maßnahme zur Begegnung von Lernschwierigkeiten auf einige wenige, gut begründete Ausnahmefälle zu reduzieren.

Folgt man verschiedenen Untersuchungsergebnissen, ist das *Schulklima* vielerorts mitgeprägt durch gewaltsame Ereignisse, die einem sozial akzeptablen Umgang zwischen Personen widersprechen (Borchert, 1996, S. 170). Wie bereits bei der Darstellung der Untersuchungsergebnisse von Rutter et al. (1980) und der Befunde zum Schulvandalismus erläutert, können Schulprogramme bei externalisierendem Problemverhalten erzieherisch wirksam sein. Eine eindeutige Zuordnung dieser Schulprogramme auf einzelne Präventionsstufen ist schwierig, weil häufig einige Programmelemente mit allen Schülern, andere mit einzelnen oder Gruppen besonders gefährdeter Kinder und Jugendlicher durchgeführt werden. Ein Beispiel für ein Präventionsstufen übergreifendes Schulprogramm gegen Gewalt stammt von Dan Olweus (1996). Es beinhaltet neben Maßnahmen auf der Schul- und Klassenebene schwerpunktmäßig Maßnahmen auf der persönlich-individuellen Ebene der Kinder. Das Programm wurde umfassend an Schulen in Norwegen und Schweden evaluiert und es liegen Ergebnisse zur Gesamtwirksamkeit und zur Bedeutung einzelner Programmbausteine vor. Nach zwei Jahren konnte eine Gewaltreduktion um 50 % erreicht werden, die sozialen Beziehungen zwischen den Kindern und das soziale Klima in den Klassen verbesserte sich und die Zufriedenheit der Kinder mit ihrer Schule stieg deutlich. In seiner Bedingungsanalyse von Gewalt an Schulen nennt Olweus die Umfeldbedingungen unklare und wenig kontrollierte Grenzen bezüglich Fehlverhalten, physische Strafen sowie eine negative emotionale Grundeinstellung gegenüber Kindern im Elternhaus und/oder in der Schule. Als aggressionsreduzierende Umfeldbedingungen werden klar umrissene und von Erziehungspersonen kontrollierte Grenzen für unakzeptables Verhalten des Kindes sowie emotionale Wärme, Anteilnahme und Geborgenheit im Elternhaus und Schule angesehen. Das Programm beginnt mit einer Bestandsaufnahme der Situation an der Schule durch eine anonyme Befragung und deren Auswertung. Bei Ergebnissen, die ein Gewaltproblem an der Schule erkennen lassen, sowie einer hieraus resultierenden deutlichen emotionalen Betroffenheit und einem Problembewusstsein der Lehrkräfte und Eltern sind die Aussichten für einen erfolgreichen Programmverlauf günstig. Wesentliche Elemente des Konzeptes sind eine Fragebogenerhebung über Gewalt an der jeweiligen Schule, ein pädagogischer Tag mit dem Motto „Wir dulden keine Gewalt", eine verbesserte Aufsicht während der Pause und des Essens, Klassenregeln gegen Gewalt (Gewaltverzicht, Aufklärung jeder Gewalttat, Hilfe für Gewaltopfer, keine Ausgrenzungen), regelmäßige Klassengespräche sowie ernsthafte Gespräche mit Gewalttätern und -opfern (aufzeigen von Verhaltensalternativen, Lob und milde, angemessene Strafen wie Aufenthalt in der Pause unter Aufsicht, Wiedergutmachungen, Entzug von Privilegien, stundenweiser Unterricht in einer anderen Klasse). Weitere Vorschläge zur Gewaltprävention an Schulen finden sich bei Hurrelmann, Rizius und Schipp (1996), Korte (1993), Verbeek und Petermann (1999) und Schubarth (2000).

Deutliche Hinweise darauf, dass sich Maßnahmen zur Minderung von externalisierenden Verhaltensauffälligkeiten positiv auf Schulleistungen auswirken, geben Hartke, Diehl und Vrban (2008) und Hartke und Vrban (2008). In einer umfangreichen kontrollierten Studie überprüften sie die Wirksamkeit einer Handreichung für Lehrkräfte, die diese unterstützen sollen, in schwierigen unterrichtlichen Situationen angemessener zu handeln. An der Studie nahmen über 200 dritte Klassen in Norddeutschland teil. Die evaluierten Materialien (veröffentlicht unter dem Titel: Schwierige Schüler – 49 Handlungsmöglichkeiten bei Verhaltensauffälligkeiten) bestehen aus Hilfen zur Erfassung der Ist-Lage eines Schülers in den Bereichen Verhalten und Entwicklung sowie zu deren Vergleich mit einer Soll-Lage, zur Zielfindung und Handlungsauswahl und -planung sowie zur Wahrnehmung von Fördererfolgen. Hauptelemente der Handreichung sind der Fragebogen Schulische Einschätzung des Verhaltens und der Entwicklung (SEVE) und dazugehörige Auswertungsblätter nebst Planungsunterlagen für pädagogisches Handeln und eine fachlich strukturierte und begründete kompakte Darstellung von 49 theoriegeleiteten Handlungsmöglichkeiten bei Verhaltensauffälligkeiten. Untersucht wurde die Entwicklung von Schülern dritter Klassen, deren Schulerfolg durch deren Verhaltensauffälligkeiten gefährdet war. Die experimentelle Gruppe und die Kontrollgruppe umfassten jeweils ca. 70 Schüler aus ca. 70 Schulklassen. Interessant sind im Kontext schulischer Prävention im Förderschwerpunkt Lernen die Ergebnisse zum ersten und zweiten Messzeitpunkt. Die Lehrkräfte der experimentellen Gruppe erhielten in einer Einführungsveranstaltung die komplette Handreichung sowie einen Zeitplan zu deren Einsatz für 12 Wochen. Die Kontrollgruppe (Wartegruppe) blieb unbehandelt. Eine dritte Gruppe erhielt nur Auszüge aus der erarbeiteten Handreichung. Sie bleibt in der weiteren Darstellung unberücksichtigt. Die Wirksamkeit der Intervention wurde mithilfe von Schulleistungsmessungen, standardisierten Verhaltenseinschätzungen und Skalen zur Erfassung emotionaler und sozialer Schulerfahrungen überprüft (genaue Angaben zur Methodik der Studie finden sich bei Hartke, Diehl & Vrban, 2008, S. 225). In der experimentellen Gruppe ergaben sich im Kontrollgruppenvergleich signifikante Effekte in der Lesegeschwindigkeit und Lesegenauigkeit. Das externalisierende Problemverhalten nahm deutlich ab. In der Rechenleistung, im internalisierenden Problemverhalten und in den emotionalen und sozialen Schulerfahrungen zeigten sich keine signifikanten Effekte. Die Autoren weisen in der Interpretation der Ergebnisse darauf hin, dass mithilfe der Handreichung externalisierendes Problemverhalten gemindert werden kann und, in Folge dieses Effektes, Verbesserungen bei übungsabhängigen Schulleistungen auftreten. Gilt es Verständnisschwierigkeiten in einem Fach zu überwinden und die soziale Integration eines Kindes zu unterstützen, reichen Handlungen zum Abbau von aggressiven und regelverletzenden Verhalten nicht aus. Hierfür seien vermutlich spezifische Maßnahmen notwendig. Das verbesserte Verhalten der Kinder im Unterricht erhöht allerdings die Chance, dass pädagogische Handlungen zur Steigerung von Sach- und Sozialkompetenz gelingen.

Im Zusammenhang mit schulischer Prävention wird Beratung von Lehrern und Schülern diskutiert. Insbesondere mit der Beratung und Supervision von Lehrern verbinden sich Hoffnungen in Hinblick auf angemessenere pädagogische Handlungen in problematischen Erziehungssituationen. Durch klientenzentrierte, tiefenpsychologische, verhaltensbezogene oder systemische Beratung soll die erzieherische Bewältigungskompetenz von Lehrkräften gestärkt werden (Pallasch, Mutzeck & Reimers, 1996; Schlee & Mutzeck, 1996). Zur Wirksamkeit der Beratung von Lehrern liegen bisher nur wenige Untersuchungen vor, zudem weisen die bisher durchgeführten Studien methodische

Mängel auf. Insofern tragen diese Studien eher zur Hypothesengenerierung als zu klaren Erkenntnissen bei. Der Forschungsstand lässt sie wie folgt zusammenfassen:
- Beratungs- und Supervisionsangebote werden von einem qualitativ noch nicht genauer bestimmten Teil der Lehrerschaft angenommen, die Akzeptanz für Beratung und Supervision steigt mit zunehmender Beratungs- und Supervisionserfahrung, von Schülern erlebte Kompetenzsteigerungen durch Beratung treten vermutlich erst nach einer mehrmonatigen Teilnahme an Beratung- und Supervisionsveranstaltungen der jeweiligen Lehrer auf (Jugert, 1998).
- Mit Hilfe von Beratungsverfahren, die eine kognitive Problemlösestrategie sowie Elemente der Gesprächsführung nach Rogers (z. B. die Kooperative Beratung von Mutzeck, 2008) beinhalten, gelingt es zumindest in Einzelfällen, die Lehrer-Schüler-Interaktion bzw. das aufeinander bezogene Verhalten zu verbessern. Problemlöseverfahren werden von der ratsuchenden Person teilweise als zu aufwendig erlebt (Mutzeck, 2008, S. 170 ff.).
- Innerhalb von einer fallbezogenen Beratungsarbeit durch Sonderpädagogen zeigen sich relativ häufig divergierende Erwartungen an Beratungs- und Förderprozesse zwischen Sonderpädagogen und Regelschullehrkräften sowie eine damit in Verbindung stehende, nur schwer zu vereinbarende Passung von Lehrerberuf und Beratung, da von einem beratendem Lehrer konkrete Hinweise zum unterrichtlichen Handeln erwartet werden (Katzenbach & Olde, 2007).

Zwar gibt es durchaus Hinweise, die für positive Effekte der Beratung von Lehrern sprechen, aber es fehlt gegenwärtig noch an überzeugenden Wirksamkeitsnachweisen von in der allgemeinen Schulpädagogik und Sonderpädagogik diskutierten Beratungsmodellen im schulischen Kontext. Aussagen über eine positive präventive Wirkung von Beratung und Supervision mit Lehrern in Hinblick auf Lern- und Verhaltensprobleme von Schülern erscheinen in Anbetracht des jetzigen Forschungsstandes als verfrüht. In Hinblick auf die Effekte von Beratung mit Schülern finden sich bei Sassenenscheidt (1992) Hinweise. Dieser wertete hierzu Studien über school-counseling aus. Insbesondere bei Prüfungsangst und unangepassten, regelverletzendem Verhalten war Verhaltensmodifikation wirksamer als ein klientenzentriertes Beraterverhalten. Rollenspiele trugen zu einem verbesserten Sozialverhalten stärker bei als reine Gesprächsgruppen. Insgesamt gesehen erwies sich die Arbeit von Beratern in der Schule in Hinblick auf die Persönlichkeitsförderung, den Abbau sozial-emotionaler Schwierigkeiten und die Verringerung schulischer Fehlanpassung als effektiv. Allerdings trägt eine Beratung in der Schule wenig zur Leistungsverbesserung bei. Eine Förderung im verhaltens- und sozial-emotionalen Bereich führt nicht automatisch zu Leistungsverbesserungen, diese müssen systematisch geplant und erarbeitet werden. Als förderliche Beratermerkmale erwiesen sich ein positives Selbstbild, Kongruenz, Empathie in Hinblick auf die Bedürfnisse des Kindes, Verständnis der Sachzwänge des Schulsystems, Flexibilität und Pragmatismus (S. 35).

Fast man den Begriff der schulischen Prävention im Bereich Lernen etwas weiter – es ging bisher vorwiegend um schulpädagogisch umsetzbare präventive Hilfen zur Vorbeugung von deutlichen schulischen Minderleistungen –, sprechen verschiedene empirische Befunde (z. B. die Ergebnisse der Mannheim-Studie; Laucht, 2003) für eine schulische Prävention, die bereits vorschulisch beginnt und Eltern in schwierigen sozialen Situationen (Armut, chronische Krankheit, psychische Auffälligkeiten, Partnerschaftsprobleme, Probleme bei der selbständigen Lebensbewältigung) gezielt unterstützt. Informationen hierzu finden sich in Band 19 dieser Buchreihe: Schulische Prävention im Bereich Verhalten und beispielsweise in den Schriften von Klein (z. B. 2008). Gerade für Schüler und deren Familien, bei denen Lern- und Verhaltensprobleme gemeinsam auftreten, liegt der Schlüssel für eine hilfreiche Förderung oft in einer Verbindung von systematischer schulpädagogischer Lernhilfe (siehe Kapitel 5) und sozialpädagogischer Familienhilfe bis hin zu Formen der Ganztagsbetreuung (siehe z. B. Ellinger, Koch & Schröder, 2007; Ellinger, Hoffart & Möhrlein, 2009).

3.3 Welche allgemeinen Maßnahmen zur schulischen Prävention sind empfehlenswert?

Entgegen teilweise vertretenen Auffassungen in der deutschsprachigen Literatur sind insbesondere diejenigen präventiv ausgerichteten Maßnahmen erfolgreich, die strukturiert und systematisch ungünstig ausgeprägten Bedingungsfaktoren schulischer Leistungen und auftretenden Lernschwierigkeiten begegnen und in ihrem Prozessverlauf *Kontroll- und Evaluationsschleifen* integrieren. Insbesondere die präventive Arbeit mit in ihren Entwicklungschancen deutlich benachteiligten Kindern ist auf *langfristig angelegte* Förderprogramme angewiesen. Die *Einbindung gezielter sekundärpräventiver Maßnahmen in ein primärpräventives Umfeld* (positives Schulklima, qualitativ hochwertiger Unterricht, Differenzierung und Individualisierung) ist dabei besonders wünschenswert. Besonders bewährte Fördermaßnahmen – einzelnen Bereichen der Schule zugeordnet – sind:

Schuleintritt:
- Kompensatorische Erziehung vor Schulbeginn

Schulklima:
- Entwicklung eines kooperativen und strukturierten Schulklimas
- Gewaltprävention nach Olweus (keine Akzeptanz von Gewalt, bessere Aufsicht, Klären von Problemen)

Lehrerverhalten:
- Geschicktes Classroom Management unter Verwendung von lerntheoretischen und kognitionspsychologischen (kognitiv-behavioral basierten) Handlungsstrategien
- Training des Lehrers in Hinblick auf ein sozial-integratives Lehrerverhalten mit klientenzentrierter Gesprächsführung

Unterricht:
- Verbesserung der Unterrichtsqualität (lernzielorientiert, lernprozessbegleitende Diagnostik, Differenzierung und Individualisierung, systematische Rückmeldungen über den Lernerfolge an die Schüler, positives Klassenklima)

- Adaptiver Unterricht (Integration hoch strukturierter, direkt instruierender und schülerzentrierter Elemente, angepasst an die Lernausgangslage der Schüler und den Inhalt des Unterrichts)
- Formative Evaluation des Unterrichts mit CBM

Förderung:
- spezifische, direkt instruierende, adaptive Förderung im:
  - Lesen
  - Schreiben
  - Rechnen
- Sprachunterricht für Kinder aus Migrantenfamilien
- Pädagogisch-psychologische Beratung von Schülern mit Methoden der Verhaltensmodifikation und klientenzentrierten Methoden.

Die Betrachtung von Forschungsergebnissen zu Fragen der schulischen Prävention sprechen für eine Wirksamkeit spezifischer Lernförderung. Was sich hinter dem Begriff „spezifische Lernförderung" verbirgt, wird im folgenden Kapitel am Beispiel von Förderung im schriftsprachlichen Bereich exemplarisch erläutert. Weitere Informationen über spezifische Förderung finden sich beispielsweise bei Breitenbach und Weiland (2010) zum Thema Förderung bei LRS, bei Grünke und Simon (2010) zur Förderung bei Rechenschwäche oder bei Wilbert (2010) zum Thema Förderung der Motivation (alle erschienen in dieser Reihe).

4

Spezifische schulische Prävention – das Beispiel Vorbeugung von Leserechtschreibschwäche

Das Thema der Leserechtschreibschwierigkeiten, -schwäche, -störungen wird in der Literatur nicht nur in Hinblick auf verwendete Begriffe, sondern auch hinsichtlich der Erläuterung des Phänomens, der Ursachenzuschreibung und der Förderung sehr unterschiedlich diskutiert. International anerkannt sind die Begriffe Leserechtschreibstörung und „Legasthenie" als Bezeichnung einer Teilleistungsstörung, die in allen uns bekannten Schriftsprachen vorliegt (Grimm, 2011). In der ICD-10 (Internationale statistische Klassifikation der Krankheiten und verwandter Gesundheitsprobleme) zählt die Legasthenie/Leserechtschreibstörung (LRS) zu den umschriebenen Entwicklungsstörungen schulischer Fertigkeiten. In Anlehnung an die Diskrepanzdefinition liegen bei der umschriebenen LRS die Lese- und Schreibleistungen bedeutend unter dem Niveau, das ausgehend vom Lebensalter des Betreffenden, dessen Intelligenz und der Beschulungssituation zu erwarten wäre (Dilling, Mambour & Schmidt, 1991). Sinn und Unsinn dieser Definition wurden bereits im ersten Kapitel diskutiert.

Typische Fehlerschwerpunkte, wie sie für leserechtschreibschwache Kinder charakteristisch sind, werden bei Breitenbach und Weiland (2010, S. 30) in Band 2 dieser Reihe beschrieben. Symptombeschreibungen beziehen sich auf die jeweils betroffenen Bereiche schriftsprachlicher Fähigkeiten (Lesen oder Rechtschreiben) und auf bestimmte Teilfertigkeiten innerhalb eines Bereiches (z. B. beim Lesen: Lesegenauigkeit, Lesegeschwindigkeit und Leseverständnis). Je nachdem aus welcher Disziplin (Pädagogik, Psychologie, Medizin) heraus die Störung beschrieben wird, werden unterschiedliche, die Störung konstituierende oder begleitende Symptome schwerpunktmäßig thematisiert (z. B. Schwierigkeiten in der Sprachwahrnehmung, psychische Begleitsymptome oder pädagogische Probleme bei gravierendem Leistungsabfall auch in anderen Fächern als Folge einer LRS). In diesem Kapitel geht es weniger um definitorische Aspekte oder um Fragen zur Komorbidität, zur Häufigkeit oder zum Vorkommen (s. Kapitel 1), sondern um auf Früherkennung und Förderung abzielende Fragen.

4.1 Welche Faktoren bedingen Leserechtschreibschwäche?

Wie erwähnt, zeigt sich auch in der Ursachenforschung ein sehr heterogenes Bild. Seit geraumer Zeit wird LRS immer stärker als „pädagogisches Problem" gesehen, d. h. auch die Qualität des Unterrichts und die Lehrkompetenz (didaktisch-methodisches Knowhow, diagnostische und fördernde Fähigkeiten) der Lehrerinnen und Lehrer beeinflussen die Leistungen im Lesen und Schreiben der Schüler. Insgesamt festigen sich die Belege für eine erblich bedingte Veranlagung sowie Wahrnehmungs- und Verarbeitungsstörungen (Schulte-Körne 2002; Schulte-Körne, Warnke & Remschmidt, 2006; Walter, 2001). Vor dem genannten Hintergrund erweist sich ein interaktives Modell (Abbildung 6) der Verursachung von Leserechtschreibschwäche als naheliegend (Klicpera, Schabmann & Gasteiger-Klicpera 2003, 161).

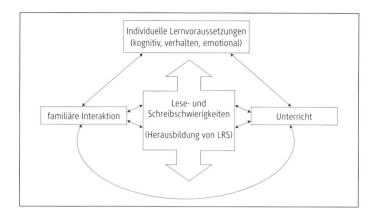

Abbildung 6: Interaktives Modell (Klicpera et al. 2003, S. 161)

Im interaktiven Modell von Klicpera, Schabmann und Gasteiger-Klicpera (2003) wird davon ausgegangen, dass verschiedene Ursachen für die Entwicklungsschwierigkeiten im Lesen und Rechtschreiben verantwortlich sind. Demnach führen in den meisten Fällen mehrere Faktoren dazu, dass ein Kind kaum oder nur sehr geringe Fortschritte beim Lesen- und Schreibenlernen macht (multifaktorielle Bedingtheit). Es wird angenommen, dass sowohl individuelle Faktoren, wie z. B. geringe Lernvoraussetzungen (z. B. Wahrnehmungs- und Verarbeitungsstörungen), sprachliche Defizite, geringe Differenzierungsleistungen als auch eine mangelnde Unterstützung in der Familie und schließlich ein für das Kind unzureichender Unterricht, zusammenwirken. Die Faktoren sind dabei nicht unabhängig voneinander zu betrachten, sondern sie stehen in steter Wechselbeziehung zueinander (S. 160). Suchodoletz (2007) bestätigt die Annahme, dass für das Auftreten einer LRS mehrere Faktoren verantwortlich sind. Seiner Auffassung nach „bilden genetische Faktoren die Hauptkomponente, psychosozialen Faktoren wird ein moderierender Einfluss zugesprochen, während hirnorganischen Risiken (u. a. Komplikationen während der Schwangerschaft oder Geburt) nur eine untergeordnete Bedeutung zukommt" (Suchodoletz, 2007, S. 34). Anzumerken bleibt, dass Suchodoletz als anerkannter Mediziner in seine Überlegungen didaktische und methodische Aspekte vernachlässigt.

Sprachlich kognitive Aspekte – phonologische Bewusstheit

Am besten lassen sich derzeit Leseschwierigkeiten mit Beeinträchtigungen in der kognitiven Verarbeitung von Sprache erklären. Der überwiegende Teil leserechtschreibgestörter Kinder zeigt auf unterschiedlichen Sprachebenen Auffälligkeiten, wie z. B. einen deutlich verringerten Wortschatz, Entwicklungsrückstände in der Anwendung grammatikalischer Strukturen sowie mangelnde phonetische oder phonologische Fähigkeiten. Studien zeigen auch auf, dass der umgekehrte Weg möglich ist – eine mangelnde Beherrschung der Schrift kann negative Auswirkungen auf die Entwicklung der Sprache nach sich ziehen. Dennoch erweist sich eine unzureichende Sprachverarbeitung – zurückzuführen auf zentral auditive Wahrnehmungs- und Verarbeitungsstörungen – zweifellos als ein Risiko für den Schriftspracherwerb. Die phonologische Bewusstheit wird als zentrale Voraussetzung für den Zugang zur Schriftsprache innerhalb der alphabetischen Phase (s. u.) angesehen. Empirisch belegt durch internationale und nationale Forschungsbefunde (Walter, 2001; Schneider, Roth, Küspert & Ennemoser, 1998), erweist sich insbesondere die phonologische Bewusstheit als aussagekräftiger Prädiktor für Leistungen im Schriftspracherwerbsprozess. Die *phonologische Bewusstheit* (auch metaphonologische Bewusstheit), eine Komponente der generellen phonologischen Informationsverarbeitung, kennzeichnet die Fähigkeit, Sprache als distinktive, lautliche Einheiten wahrzunehmen und mit diesen lautlichen Segmenten analytisch und synthetisch umzugehen (Jansen et al. 1999). Neben Wortbewusstheit, Satzbewusstheit und pragmatischer Bewusstheit kennzeichnet die phonologische Bewusstheit metalinguistische Fähigkeiten.

Romonath und Mahlau (2005) verstehen unter *phonologischen Fähigkeiten* „generell die kognitive Leistung, Lautstrukturen losgelöst von ihrer referentiellen und kommunikativen Bedeutung zu vergegenständlichen, sie bewusst zu manipulieren und über ihr Wesen und ihre Funktion zu reflektieren" (S. 250). Man differenziert zwischen phonologischer Bewusstheit im engeren und im weiteren Sinne (Skowronek & Marx, 1989). *Phonologische Bewusstheit i. w. S.* bezieht sich auf größere lautliche Einheiten wie Wörter, Silben und Reime. Sie hat einen sprechrhythmischen Bezug, bildet sich ohne Kenntnis des alphabetischen Prinzips heraus und wird von Kindern in der Regel vor dem Schriftspracherwerb beherrscht (Reime erkennen und bilden, Wörter in Sprechsilben segmentieren u. ä.).

Phonologische Bewusstheit i. e. S. bezieht sich auf die Phone als kleinste lautliche Einheiten und beinhaltet spezifische Fähigkeiten, die sich in der Regel erst nach den ersten Erfahrungen mit dem alphabetischen System im beginnenden Leselehrgang entwickeln (z. B. An-, End- und Mittellaute heraushören, Wörter in einzelne Laute segmentieren, Anfangslaute weglassen). Phonologische Fähigkeiten korrespondieren mit der Fähigkeit, die Aufmerksamkeit weg von der Wortbedeutung hin zu den formalen Strukturen der Lautsprache zu richten.

Mit Blick auf den komplexen Prozess des Schriftspracherwerbs erweist sich als zentrale Fähigkeit die wechselseitige Zuordnung zwischen den Lauten und den Buchstaben. Beim Schreiben betrifft das die Phonem-Graphem-Zuordnungen (P-G-Z) und beim Lesen die Graphem-Phonem-Zuordnungen (G-P-Z). Nach einer visuellen Analyse von Schriftzeichen müssen beim Lesen Wörter, Silben und Buchstaben in ihre Lautstruktur umgewandelt werden. Der Leser nimmt visuell die Grapheme wahr und muss diesen alle Informationen zuordnen, die erforderlich sind, um zum einen das Wort laut zu lesen und zum anderen den Sinngehalt zu erfassen. Dieser Prozess gelingt zunächst einzelheitlich und später ganzheitlich, wenn die Korrespondenzregeln zwischen den Graphemen und den Phonemen sicher beherrscht werden. Beim Schreiben ist es ähnlich, nur dass hier die Analyse auf auditiv wahrgenommenen Informationen basiert und die Korrespondenzregeln in entgegengesetzte Richtung als Phonem-Graphem-Zuordnungen Anwendung finden. In jedem Fall ist eine Umkodierung bzw. Konvertierung der Informationen erforderlich, entweder auf der visuellen oder der phonologischen Route, wie in der Zwei-Wege-Theorie des Logogenmodells (Kotten, 1997) in Abbildung 7 dargestellt. Das Logogenmodell ist ein Modell, das die Einzelwortverarbeitung veranschaulicht. Als Logogen gilt eine bestimmte Form lexikalischer Repräsentationen eines Wortes im mentalen Lexikon. Die im Logogen-System gespeicherten Informationen betreffen das Wissen über die Wortform, im Gegensatz zum im kognitiven System (Semantik) gespeicherten Wissen über Wortbedeutungen. Wie in der Abbildung 7 zu erkennen, werden im Logogenmodell alle vier sprachlichen Modalitäten – Verstehen, Sprechen, Lesen und Schreiben – berücksichtigt. Je nachdem, ob das Wort auditiv oder visuell analysiert wird, erfolgt eine auditiv phonologische Konvertierung oder eine orthographisch phonologische Konvertierung.

Spezifische schulische Prävention

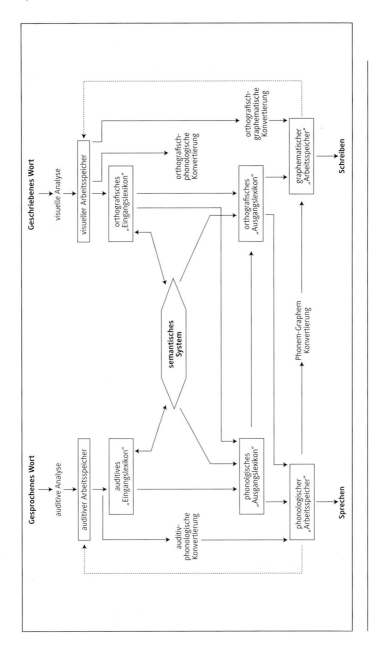

Abbildung 7: Adaption des Modells zur multimodalen Wortverarbeitung von Kotten (1997) aus Brandenburger und Klemenz (2009, S. 42)

Es wird deutlich, dass die Wortverarbeitung nach dem neurolinguistisch orientierten Ansatz im Logogenmodell ein Zusammenspiel mehrerer Lexika (zusammengefasst als Logogensystem), verschiedener Arbeitsspeicher und dem semantischen System darstellt. Auf der Basis einer Synopse dieses Modells und einem Entwicklungsmodell, wie z. B. des Stufenmodells von Frith (1985), können differenzierte Hypothesen zu Störungen im Lesen und Rechtschreiben aufgestellt werden.

Verläuft bei einem Kind bereits die Entwicklung der Lautsprache aufgrund unzureichender Sprachwahrnehmungs- und Sprachverarbeitungsleistungen gestört oder verzögert – demzufolge auch die phonologischen Fähigkeiten des Kindes nicht ausreichend entwickelt sein können –, liegt es nahe, dass auch die Umwandlung bzw. Konvertierung der visuell oder akustischen wahrgenommenen Informationen in die entsprechende Lautstruktur nur fehlerhaft gelingen kann und somit zu Schwierigkeiten im Lesen und Rechtschreiben führt.

Kognitive Aspekte

Zu den weiteren Komponenten, die Schwierigkeiten im Lesen und Schreiben bedingen, zählen mangelnde kognitive Lernvoraussetzungen. Lange Zeit wurden visuelle Wahrnehmungs- und Verarbeitungsschwächen als Ursache für eine LRS diskutiert. Die dazu vorliegenden Befunde, z. B. zur Lateralität, den Blickbewegungen, der Augendominanz, der Augenbelastung, dem magnozellulären System, der gerichteten visuellen Aufmerksamkeit und der visuellen Orientierung (Klicpera et al., 2003), sind unklar und nicht überzeugend. Es ist davon auszugehen, dass visuellen Wahrnehmungs- und Verarbeitungsdefiziten eine eher geringfügige Bedeutung für die Entwicklung einer LRS zugeschrieben werden kann, sie aber dennoch eine Rolle spielen. Ein kausaler Zusammenhang zwischen LRS und visuellen Wahrnehmungsstörungen ist bislang nicht nachgewiesen worden. Eine Reihe von Studien untersuchte die Fixationsdauer, die Sakkaden (schnelle Blicksprünge) und die willkürliche Blicksteuerung. Als Ergebnisse zeigten sich bei Menschen mit LRS instabile Fixationen und verlängerte Fixationszeiten, die allerdings auch bei schwierigen Texten von Personen ohne LRS zu beobachten sind, mehr unwillkürliche Blicksprünge und eine höhere Anzahl von Sakkaden und Antisakkaden (Blicksprünge in entgegensetzte Richtung). Schulte-Körne (2002) geht davon aus, dass keine generelle Störung der Blickbewegung bei Leseschwäche vorliegt, sondern es sich bei LRS eher um ein sprachabhängiges Phänomen bei Leseschwäche handelt. Die auffälligen Blickbewegungen im Vergleich zu Personen ohne LRS interpretiert Schulte-Körne als Folge eines visuellen Verarbeitungsdefizites von Schriftmaterial (ebd.). Leserechtschreibschwache haben nach Schulte-Körne – als Teilprozess der visuellen Verarbeitung – Schwierigkeiten, buchstabenspezifische Merkmale zu erkennen.

Neurobiologische und genetische Betrachtungen

Schwierigkeiten im Lesen und Rechtschreiben treten familiär gehäuft auf. Die Erblichkeitsquote ist mit ca. 50 % als recht hoch einzuschätzen. In einer Reihe von Fallbeschreibungen findet sich eine familiäre Häufung über mehrere Generationen. Dieses bestätigten auch systematische Familienuntersuchungen. Die aus Schulte-Körne (2002, S. 31) entnommene Tabelle 3 bestätigt in 5 Studien die hohe familiäre Häufigkeit.

Tabelle 3: Ergebnisse von Familienuntersuchungen aus Schulte-Körne (2002, S. 31)

Studie	Stichprobe (Familien)	Betroffene Geschwister (%)	Betroffene Eltern (%)
Hallgreen (1950)	112	40,8	42,4
Finucci et al. (1976)	20	42,5	47,2
Vogler et al. (1985)	133	43,0	49,0
Gilger et al. (1996)	39	38,5	27,0
Schulte-Körne et al. (1996)	32	52,3	54,0

Um genauere Angaben über den genetischen Einfluss auf ein bestimmtes Merkmal geben zu können, reichen Häufigkeitsangaben nicht aus. In Untersuchungen mit eineiigen und zweieiigen Zwillingen konnte der genetische und nicht genetische Anteil in der Varianz aufgeklärt werden. In der Lesefähigkeit liegt er um die 50 % und in der Rechtschreibung um 60 % (Schulte-Körne, 2001, S. 32). Untersuchungen in der Molekulargenetik identifizierten Regionen auf den Chromosomen 1, 2, 3, 6, 15 und 18, in denen für die Lese- und Rechtschreibfähigkeit relevante Gene vermutet werden. Die auf die genetische Verursachung bezogenen Forschungsergebnisse sind noch sehr uneinheitlich, so dass keine konkreten Vererbungsmechanismen benannt werden können. In mehreren internationalen Forschergruppen wird derzeit nach Hinweisen auf weitere Genorte gesucht. Eine Übersicht zu den Studien findet sich bei Schulte-Körne (2002, S. 33 ff.). Anzumerken ist, dass aus pädagogischer Perspektive neurobiologische Forschungsansätze keine direkten Ansätze für pädagogische Förderung beinhalten. Sie unterstützen lediglich das Verstehen der Ursachen und schützen etwa vor zu optimistischen Erwartungen an eine LRS-Förderung. Zudem können Informationen über das Vorkommen von LRS in einer Familie die Früherkennung von LRS unterstützen.

Soziale und familiäre Aspekte

Internationale und nationale Studien (National Longitudinal Survey of Youth, 2001; Smith, Brooks-Gunn & Klebanov, 1997; PISA, 2000–2009) haben eindrucksvoll belegen können, dass der sozioökonomische Status der Familie der wichtigste soziale Einflussfaktor auf die gesamte kognitive Entwicklung und insbesondere auf die Sprachentwicklung ist. Es verwundert nicht, dass vor diesem Hintergrund die sozioökonomischen Verhältnisse auch den Erfolg im Erwerb des Lesens und Schreibens beeinflussen. Dabei sind die Dauer und das Ausmaß der Armut ausschlaggebend für den Leistungserfolg der Kinder. Je länger die Kinder in Armut leben und je schlechter die ökonomischen Bedingungen sind, desto größer ist der negative Effekt auf die kognitiven Fähigkeiten (Klicpera, 2003). Dabei ist davon auszugehen, dass Armut an sich nicht als direkte Einflusskomponente zu betrachten ist, sondern es sich eher um Faktoren handelt, die mit Armut assoziiert sind. Dazu gehören der Gebrauch und die Anzahl der in der Familie zur Verfügung stehenden schriftlichen und gedruckten Materialien, Zeit, die Eltern zum Vorlesen aufbringen, sowie das generelle Leseverhalten der Eltern, Reglementierungen im Fernsehkonsum, ungünstige Wohnbedingungen, kein Arbeitsplatz für Hausaufgaben und ungestörtes Üben u. a. Vor diesem Hintergrund lässt sich konstatieren, dass neben dem sozialen Status der Familie die Interaktion zwischen Eltern und Kind eine ebenso bedeutsame Einflussgröße auf den Schriftspracherwerb hat.

Schulische und unterrichtliche Aspekte

Studien, die eindeutige Aussagen über den Einfluss von Unterrichtsqualität auf die Lese- und Rechtschreibentwicklung geben, sind nicht bekannt. Mit der Marburger Studie „Modell Schriftsprachmoderatoren (MSM)" (Deimler & Schulte-Körne, 2006) liegt eine erste Studie vor, die Auskunft über die Entwicklung von Lese- und Rechtschreibleistungen von Schülern erteilt, die über vier Grundschuljahre nach zwei unterschiedlichen Unterrichts- und Förderkonzepten beschult wurden. Verglichen wurden die Lese- und Rechtschreibleistungen der Kinder nach einem Fibellehrgang und einem Lehrgang, der eher offenen Unterrichtkonzepten (s. Abschnitt 3.1) zuzuordnen ist. Letzterer wurde auf der Grundlage des Spracherfahrungsansatzes konzipiert. Nachdem die Gruppenunterschiede bei den Schriftsprachleistungen insbesondere bei der Rechtschreibung nach zwei Jahren noch sehr groß waren, haben sich die Gruppen nach vier Jahren deutlich angenähert. Die Unterschiede sind nach 4 Schuljahren nicht mehr statistisch signifikant. Die Konzeptgruppen unterscheiden sich also am Ende der Grundschulzeit nicht mehr signifikant hinsichtlich der Schriftsprachleistungen. Die Ergebnisse lassen keine eindeutigen Rückschlüsse auf die Qualität des Unterrichts zu, die neben der Konzeptwahl maßgeblich durch bestimmte Kompetenzen der Lehrerinnen und Lehrer beeinflusst wird. Dazu zählen neben didaktisch-methodischen auch erzieherische Kompetenzen, Wissen um den Schriftspracherwerbsprozess (Modelle/Theorien der normalen und der gestörten Entwicklung), diagnostische Kompetenzen, Kompetenzen in der Förderung, Kenntnisse zur Gestaltung von Unterricht in heterogenen Klassen, Kenntnisse zum Klassenraummanagement und zur Beratungskompetenz.

4.2 Welche Ansatzpunkte für Förderung ergeben sich aus dem Wissen über Schriftspracherwerb und LRS?

In dem Entwicklungskompetenzmodell zum Schriftspracherwerb (Abbildung 8) von Klicpera et al. (2003) werden die Lernvoraussetzungen der Schüler und die Instruktion (Unterricht) als maßgeblich beeinflussende Komponenten für den Erfolg des Lesen- und Rechtschreiblernens erstmals innerhalb eines Modells des Schriftspracherwerbs aufgeführt. Forschungsbefunde aus dem deutschsprachigen Raum dienten als Grundlage für die Entwicklung des Modells von Klicpera et al. (2003). Ihr Kompetenzentwicklungsmodell stellt sich weniger als eine Abfolge bestimmter Phasen dar, sondern orientiert sich vielmehr an den wesentlichen Lesekompetenzen. Als ausschlaggebende Veränderung gegenüber anderen Modellen zeigt sich, dass die Entwicklung beider Lesewege – der direkte Zugriff auf das mentale Lexikon und der indirekte Zugriff mittels der phonologischen Rekodierung – mitbestimmt wird von der *Leseinstruktion* und den spezifischen Vorläuferkompetenzen. Der Begriff *Leseinstruktion* bezieht sich zunächst auf den Unterricht, schließt aber auch individuelle Hilfe- und Fördermaßnahmen im schulischen und außerschulischen Umfeld ein. Hervorzuheben ist die ausdrückliche Berücksichtigung individueller Entwicklungsverläufe aufgrund unterschiedlicher Lernvoraussetzungen der Schüler und der Qualität von Unterricht. Die Interaktion einzelner Teilfertigkeiten und deren Interdependenz kommen hier deutlicher zum Tragen als bei anderen Modellen (Frith, 1985; Günther, 1986; Scheerer-Neumann, 1987). Auffallend ist die extrem kurz angenommene logographemische Phase. Klicpera et al. (2003) vertreten die Annahme, dass der logographemischen Phase beim Erstlesen von deutschsprachigen Kindern weniger Bedeutung zukommt als beispielsweise bei englischsprachigen. Sie begründen dies zum einen mit dem in deutschsprachigen Ländern frühzeitigen lautorientierten Vorgehen im Anfangsunterricht (Vermittlung der Graphem-Phonem-Regeln) und den eindeutigeren Zuordnungen von Phonemen und Graphemen des deutschen Sprachsystems im Vergleich zum englischen.

In dem Modell von Klicpera et al. (2003) beginnt die Leseentwicklung in einer Vorstufe, der *präalphabetischen Phase*. In Anlehnung an Frith

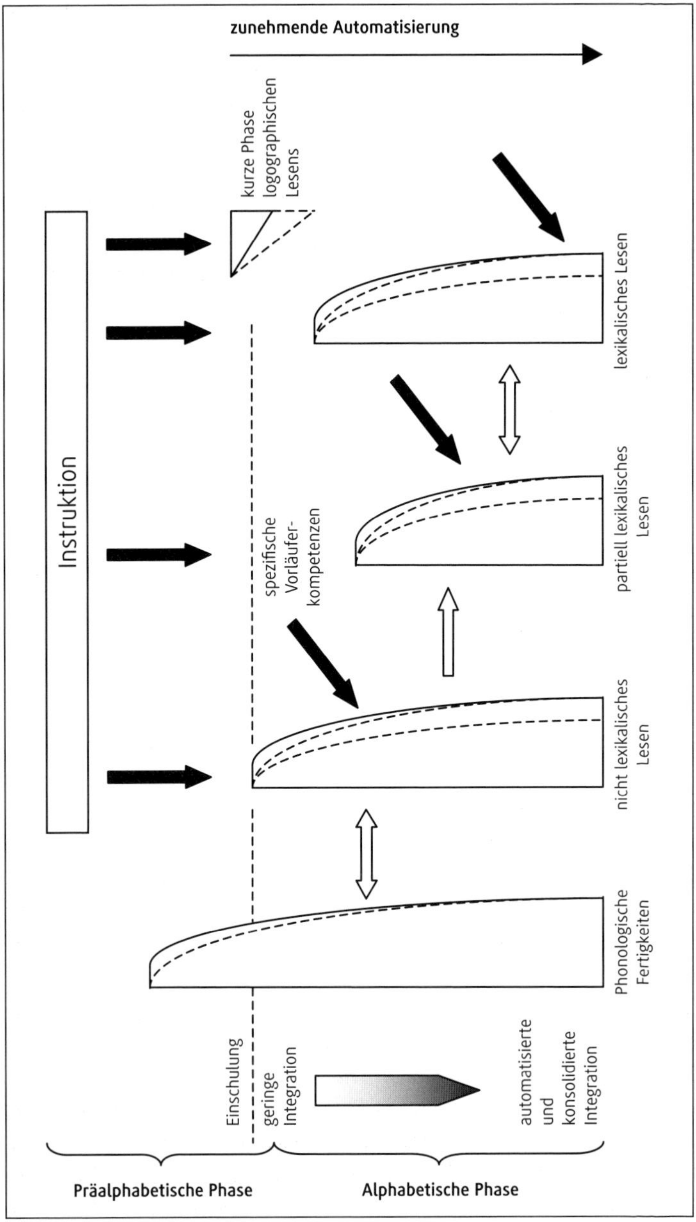

Spezifische schulische Prävention

Abbildung 8: Kompetenzentwicklungsmodell Klicpera et al. (2003, S. 26)

(1985) wird diese Phase auch als kurze logographemische Phase verstanden. Wörter werden, ohne dass dabei von Lesen gesprochen wird, aufgrund einiger hervorstechender visueller Merkmale erkannt. Klicpera et al. (2003) weisen darauf hin, dass schon in dieser Phase Unterschiede in wichtigen Kompetenzen (wie z. b. phonologische Bewusstheit, Gedächtnis, visuelle Aufmerksamkeitssteuerung) für das Erlernen der Schriftsprache zu beobachten sind. Mit Hilfe dieser Teilfertigkeiten können spätere Leseleistungen vorausgesagt werden (s. Abschnitt 4.1). Die nächste Phase wird als *alphabetische Phase mit geringer Integration* bezeichnet. Mit ihr beginnt der eigentliche Prozess des Lesenlernens. Kompetenzen für das Lesenlernen bilden sich in dieser Phase allmählich heraus und verknüpfen sich langsam zu einem System, das aber noch nicht fehlerfrei ist. Als Kernkompetenzen in dieser Phase sind die Aneignung des alphabetischen Prinzips und das Erlernen des phonologischen Rekodierens zu beobachten. Wie bereits erwähnt, gehen die Autoren davon aus, dass durch die relativ hohe Regelmäßigkeit der Phonem-Graphem-Korrespondenzen des Deutschen die Kinder relativ schnell die *alphabetische Strategie* anwenden. Belege hierfür bieten Ergebnisse der Untersuchungen von Klicpera et al. (1993a, b) zum Pseudowortlesen von Erstklässlern.

Das Vorhandensein einer *logographemischen Phase* hängt bei Klicpera et al. (2003) u. a. von der Art der Erstleseinstruktion ab. Sie stellten fest, dass man wenige Wochen nach Schulbeginn bei einigen sehr schwachen Lesern in einem Unterricht mit nur sehr geringer expliziter Instruktion (offene Unterrichtsmethoden, Werkstattunterricht) Merkmale einer logographemischen Vorgangsweise beobachten konnte. Im Anschluss an die alphabetische Phase setzt, bei ausreichender Sicherheit der alphabetischen Strategie, durch Übung ganz allmählich eine Automatisierung des Lesevorgangs ein. Gleichzeitig entwickelt sich die Fähigkeit zum lexikalischen Abruf von Wörtern mit dem phonologischen Rekodieren. Klicpera et al. (2003) beziehen sich hierbei auf die Sichtworttheorie von Ehri (1995). Die Entwicklung des phonologischen Rekodierens und seine Automatisierung müssen für den beginnenden Aufbau des mentalen Lexikons nicht abgeschlossen sein. Im Gegenteil, phonologisches Rekodieren und spezielle Gedächtniskomponenten wie z. B. Merkfähigkeit und Speicherkapazität unterstützen den Aufbau des mentalen Lexikons (Klicpera et al., 2003). Die *alphabetische Phase mit voller Integration* ist gekennzeichnet durch eine Zunahme der Lesegeschwindigkeit. Lexikalische und nichtlexikalische Lesezugänge interagieren stark miteinander, werden weiter automatisiert und auch die interne Entscheidung, welcher Lesezugang genutzt wird, automatisiert sich. Die Kinder zeigen weniger Lesefehler. Die zunehmende Automatisierung wird durch günstigere Bündelungen von Einheiten (Silben, Morpheme, Buchstabencluster) unterstützt, ähnlich wie in der orthographischen Phase im Modell von Frith (1985). Jegliche Weiterentwicklung der Prozesse mündet in die letzte Phase, die *automatisierte und konsolidierte Integration* aller beteiligten Verarbeitungsprozesse.

Zusammenfassend lässt sich konstatieren, dass mit dem Modell von Klicpera et al. (2003) der Leselernprozess mit seinen komplexen Teilfertigkeiten sehr umfassend beschrieben und unter Berücksichtigung eines multifaktoriellen Bedingungsgefüges erklärt werden kann. Lesen wird nicht vordergründig als eine Abfolge von Phasen verstanden, sondern unterschiedliche Phasen bzw. Strategien – unter Einfluss von Instruktion – verlaufen parallel, bedingen einander und unterstützen in ihrer Interaktion die Entwicklung des Lesens. Vor diesem Hintergrund wird deutlich, dass im Kontext von Prävention bereits in der präalphabetischen Phase, also in der Vorschulzeit, spätestens kurz nach der Einschulung, gezielt Verfahren eingesetzt werden sollten, die speziell den Verlauf bzw. den Erfolg des Schriftspracherwerbs vorhersagen können. Dazu zählen die phonologische Bewusstheit, die Kapazität des Arbeitsgedächtnisses, die Abrufgeschwindigkeit aus dem Langzeitgedächtnis und die visuelle Aufmerksamkeit. Zeigen Kinder Schwierigkeiten in diesen Bereichen, muss hier vorbereitend für den erfolgreichen Schriftspracherwerb spezifisch präventiv gearbeitet werden.

4.3 Welche Verfahren der Früherkennung und Förderung sind relevant?

In der Auseinandersetzung um die Prävention und Förderung von Schwierigkeiten im Lesen und Schreiben besteht Konsens darüber, dass so früh wie möglich gezielte Förderung einsetzen muss. Unspezifische Förderung hat sich in der Forschung als relativ wenig erfolgreich erwiesen (zusammengefasst bei Walter, 2001). Symptomspezifische Ansätze, die einen direkten Bezug zur Symptomatik der Leserechtschreibschwierigkeiten erkennen lassen, gelten als wirksamer. Dazu zählen im Wesentlichen Trainings zur phonologischen Bewusstheit und Regeltrainings. Die Frage danach, wie denn eine spezifische Förderung bei einer LRS gestaltet werden sollte und welche Konzepte, Materialien und Methoden die besten sind, wird nach wie vor in der einschlägigen Fachliteratur uneinheitlich beantwortet.

Seit geraumer Zeit wird in der Pädagogik und der Sonderpädagogik in Anlehnung an die Medizin der Fokus auf evidenzbasierte Förderkonzepte (Nußbeck, 2007) gelegt. Damit bekommen Fördermethoden und Förderprogramme, deren Wirksamkeit empirisch belegt werden konnte, eine größere Bedeutsamkeit für die (sonder-)pädagogische Praxis.

Nachfolgend werden, basierend auf den Erkenntnissen einer Synopse von Metaanalsyen von Grünke (2006), zunächst effektive Fördermethoden für Kinder mit Schwierigkeiten im Lesen und Rechtschreiben vorgestellt. Im Anschluss daran wird auf Förderprogramme, die auf eine spezifische Förderung bei Lese- und/oder Rechtschreibschwierigkeiten abzielen, eingegangen.

Grünke (2006) stellt in einer Synopse von ausgewählten Metaanalysen zur Effektivität von *Fördermethoden* bei Kindern und Jugendlichen mit Lernstörungen eindeutig heraus, dass unspezifische Förderung mit Konzepten aus dem Bereich der Wahrnehmung, der psychomotorischen Förderung sowie der Musik- und Kunsttherapie kaum nennenswerte Effekte auf die Leistungen im Lesen und Rechtschreiben bewirkt. Zu einem ähnlichen Fazit kommt Grünke in Bezug auf offenen Unterricht, entdeckendes, kindzentriertes und konstruktivistisches Vorgehen bei Lernprozessen. Hingegen zeigten sich bei den Methoden Direkte Instruktion und Strategieinstruktion bzw. einer Kombination aus beiden positive Veränderungen mit mittleren bis hohen Effektstärken. Auch beim Aufbau basaler Buchstabenkenntnisse und Lesefertigkeiten erwies sich die Direkte Instruktion, Kognitive Strategieinstruktion und die Kombination aus Direkter und Strategieinstruktion sowie Tutorielles Lernen als äußerst wirkungsvoll. Bei letzterem profitieren auch die als Tutor fungierenden Kinder und Jugendlichen, allerdings nicht in dem Maße wie die geförderten Tutanden. Die Leseflüssigkeit lässt sich nach Grünke sehr gut durch Üben mit der Methode des wiederholenden Lesens ohne Modell unter Einbezug verschiedener Hilfsangebote fördern. In vielen Einzelfallstudien konnte belegt werden, „dass die Wirksamkeit dann besonders hoch ist, wenn laut gelesen wird, ein Modell zur Verfügung steht, das Schwierigkeitsniveau der Texts allmählich ansteigt und die Kinder bei Fehlern unmittelbar korrigiert werden" (Grünke, 2006, S. 248). Bei der Förderung des Leseverständnisses erweisen sich Methoden wie metakognitive und kognitive Strategieinstruktion als sehr erfolgreich. Auch Methoden im Kontext des expliziten Anleitens, Erklärens und Kontrollierens wie das Zwischenfragen (Pre- and Mid-Reading Interventions), Direkte Rückmeldung (Vocabulary Instruction) und Direkte Instruktion (Direct Instruction) erweisen sich als hoch effektiv. Für den Aufbau komplexer Schreibfähigkeiten (Abfassen von kreativen Erzählungen bzw. Aufsätzen) wird dem Bereitstellen von systematisch aufeinander aufbauenden Anleitungshilfen durch die Lehrkraft der größte Nutzen zugesprochen. Voraussetzung dafür ist, dass die Schüler zuvor sowohl durch eine intensive Anleitung durch die Lehrkraft (Direkte Instruktion) als auch mit einem gezielten Strategietraining durch die Lehrkraft an die Anforderungen herangeführt wurden (Grünke, S. 249).

Innerhalb der letzten Jahre entstanden im deutschsprachigen Raum verschiedene Förderprogramme. Bei einem Teil davon kann auf Wirksamkeitsstudien verwiesen werden. Inhaltlich heben die Programme auf einzelne oder mehrere Fähigkeiten und Fertigkeiten innerhalb des Schriftspracherwerbs ab. Dazu zählen vor allem die Förderung

- der phonologischen Bewusstheit,
- der Festigung der Buchstabenkenntnis und der Zuordnungsregeln zu den Phonem-Graphem-Korrespondenzen,
- der Analyse und Syntheseleistungen des lautierenden Lesens und Schreibens,

- des Blitzwortlesens geübter Wörter,
- des lauttreuen Schreibens einfacher und komplexerer Wörter,
- des sinnverstehenden Lesens und
- des Schreibens von Wörtern nach bestimmten Rechtschreibphänomenen wie z. B. die Groß- und Kleinschreibung, die Schreibung nach kurzem Vokal u. a.

In der Schriftspracherwerbsforschung besteht Konsens darüber, dass der Schriftspracherwerb nicht erst in der Schule beginnt und ein erfolgreicher Erwerbsprozess an bestimmte Vorläuferfähigkeiten geknüpft ist. In nationalen und internationalen Studien konnte eindrucksvoll belegt werden, dass neben der Kapazität des Kurzzeitgedächtnisses, der Abrufgeschwindigkeit aus dem Langzeitgedächtnis und der visuellen Aufmerksamkeit insbesondere phonologische Fähigkeiten für den Erfolg im Lesen und Schreiben mitbestimmend sind. Weitere Studien haben gezeigt, dass phonologische Fähigkeiten bereits im Vorschulalter trainierbar sind (Bradley & Bryant, 1985; Lundberg, Frost & Petersen, 1988; Blachmann et al. 1999; Küspert & Schneider, 1999) und somit Schwierigkeiten im Lesen und Rechtschreiben vorgebeugt werden kann. Zur Förderung der phonologischen Fähigkeiten in der Vor- und Grundschulzeit liegen inzwischen eine Reihe von evidenzbasierten Förderprogrammen vor, wie z. B. das Würzburger Trainingsprogramm „Hören, lauschen, lernen" von Küspert und Schneider (1999), das Trainingsprogramm „Leichter lesen und schreiben lernen mit der Hexe Susi" von Forster und Martschinke (2008), das Trainingsprogramm „Hören, lauschen, lernen 2" von Plume & Schneider, (2004), „BliWo – Blitzschnelles Worterkennen" von Mayer (2011), das „Lobo-Schulprogramm" von Metz, Fröhlich und Petermann (2010) oder „Phonit" ein Trainingsprogramm zur Verbesserung der phonologischen Bewusstheit und Rechtschreibleistung im Grundschulalter von Stock und Schneider (2011). Zielstellungen von einigen der genannten Programme gehen über das ausschließliche Trainieren phonologischer Fähigkeiten hinaus. Es wird zusätzlich das Lesen auf Wort- und Satzebene angebahnt und geübt. Exemplarisch für die Förderung phonologischer Bewusstheit wird im Kasten 1 das Förderprogramm „Leichter lesen und schreiben lernen mit der Hexe Susi" von Forster und Martschinke (2008) vorgestellt.

Kasten 1 Vorstellung des Förderprogrammes „Leichter lesen und schreiben lernen mit der Hexe Susi" von Forster und Martschinke (2008)

Das Förderprogramm „Leichter lesen und schreiben lernen mit der Hexe Susi" wurde am Institut für Grundschulforschung der Universität Erlangen-Nürnberg entwickelt und erprobt. Die beteiligten Klassen der Untersuchung erzielten höheren Werte im Nachtest zur phonologischen Bewusstheit sowie im Test zum Lesen und Rechtschreiben (Forster & Martschinke, 2008). Die bei der Erprobung beteiligten Lehrerinnen und Lehrer berichteten, dass die Kinder die Phonem-Graphem-Korrespondenz besser verstanden und die leistungsschwachen Schüler leichter die „phonologische Hürde" nahmen.

Die Aufgaben des Förderprogramms können sowohl:
- in der gesamten Klasse (kleinere häufige Einheiten mehrmals pro Woche, Freiarbeit, Spiele im Morgenkreis, zur Auflockerung zwischendurch),
- in kleinen Gruppen (mindestens zweimal pro Woche) oder
- in der Förderung einzelner Schüler durchgeführt werden.

Das Programm ist kindgerecht aufbereitet. Die Identifikationsfigur, die Hexe Susi, will mit ihren recht „jungen" 133 Jahren das Lesen lernen, damit sie die Zaubersprüche im Zauberbuch lesen kann. Dabei helfen ihr eine Hexenoma, ein Rabe und ein Kater.

Kater Niko

Hexe Susi   Rabe Kunibert

Das Förderprogramm enthält vier aufeinander bauende Übungsbereiche:
- **Lausch- und Reimaufgaben** (Dauer: 2 Wochen, gleich nach Schulanfang)

Die Aufgaben dieses Übungsbereiches lenken die Aufmerksamkeit der Kinder in spielerischer Form auf den Lautaspekt der Sprache. Mit den Lauschaufgaben rund um das Hexenhaus werden die Kinder für Laute und Geräusche sensibilisiert, die akustische Wahrnehmung wird geschult. Beim Reimen mit Wörtern und der Arbeit mit Hexensprüchen wird die Aufmerksamkeit der Kinder auf die Form und nicht auf den Inhalt von Sprache gelenkt. Durch das Erkennen und Finden von Reimen wird die phonologische Bewusstheit im weiteren Sinn gefördert.

> - **Aufgaben zur Silbe** (Dauer: 2 Wochen)
> Wie bereits bei den Lausch- und Reimaufgaben zielen die Übungen dieses Aufgabenbereiches darauf ab, die Aufmerksamkeit weg von den inhaltlichen und hin zu den formalen Aspekten der Sprache zu lenken. Sprache verlangsamt sich in „Silbensprache" des Raben Kunibert, die Aufmerksamkeit wird auf den lautlichen Aspekt der Sprache gelenkt. Damit werden die Kinder auf die Analyse der kleinsten Lauteinheiten, der Phoneme, vorbereitet. Die Übungen zu Wortlängenvergleichen führen die Kinder zum Aufbau eines Wortkonzeptes.
>
> - **Aufgaben zu Phonemen** (Dauer: 12 Wochen)
> Zentral für diesen Übungsbereich sind Übungen, in denen die Buchstaben-Laut-Zuordnungen gefestigt werden. Mit dem Kater Niko werden in dieser längsten und intensivsten Trainingsphase im Lese- und Schreibtraining nach einem vorgegebenen Trainingsplan die Analyse und Synthese geübt. Zunächst liegt der Schwerpunkt auf dem Hören und der Positionsbestimmung von An-, End- und Inlauten. Mit Hilfe von Buchstabenmarken wird in einfach strukturierten Wörtern der Trainingsplan in Einzel- oder Partnerarbeit umgesetzt. Die Trainingshandlung soll durch vielfältige Übungen soweit verinnerlicht werden, dass diese bei späteren Verschriftungen automatisiert abläuft.
>
> - **Aufgaben zum schnellen Lesen** (ab dem 2. Halbjahr)
> Die Aufgaben des vierten und letzten Übungsbereiches zielen auf die Lesegeschwindigkeit ab. Das bisher lautweise und dadurch verlangsamte Lesen soll durch das Erfassen größerer Wortteile beschleunigt werden. Der Fokus beim Lesen verschiebt sich allmählich weg vom lautierenden hin zum automatisierten Lesen mit zunehmender Konzentration auf Satz- und Textebene. Sätze werden in Wörter und Wörter in Wortbausteine gegliedert. Kinder lernen somit den Übungswortschatz schneller zu erfassen.

Im Handel findet man vielfältigste Übungs- und Fördermaterialien zum Lesen und Schreiben. Die wenigsten davon können auf eine empirisch nachgewiesene Wirksamkeit verweisen. Dennoch gibt es inzwischen auch hier eine Reihe von evidenzbasierten Förderkonzepten. Ein im Auftrag des Bundesministeriums für Unterricht, Kunst und Kultur erstellter Bericht von Huemer, Pointer und Landerl (2009) gibt einen Überblick über Förderprogramme und Förderansätze, für die eine Verbesserung der Lese- und Rechtschreibleistungen bei Kindern mit einer

LRS in kontrollierten Studien belegt werden konnte. Zudem enthält der Bericht eine Auflistung von Fördermaterialien, für die zwar keine Wirksamkeitsstudien vorliegen, die aber Förderkomponenten enthalten, deren Wirksamkeit empirisch belegt wurde und damit für Anwender empfohlen werden können.

Der Bericht ist in fünf Schwerpunkte gegliedert.

- Teil I: Befunde zur Wirksamkeit von LRS-Förderprogrammen,
- Teil II: Förderkomponenten, deren Wirksamkeit durch empirische Studien belegt werden konnte,
- Teil III: LRS-Förderprogramme, die evidenzbasierte Förderkomponenten enthalten,
- Teil IV: Kurzbeschreibungen und Einsatzmöglichkeiten evidenzbasierter LRS-Fördermaterialien und
- Teil V: Exemplarische Darstellung von allgemeinen Unterrichtsmaterialien, die evidenzbasierte Förderkomponenten enthalten.

Für differenzierte Darstellungen zu Förderprogrammen und -materialien wird auf den Bericht, der unter www.schulpsychologie.at heruntergeladen werden kann, und auf Band 2 „Förderung bei Leserechtschreibschwäche" (Breitenbach & Weiland, 2010) in der Buchreihe „Fördern lernen" verwiesen.

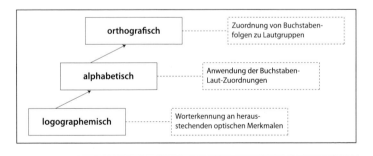

Abbildung 9: Stufenmodell der Schriftsprachentwicklung nach Frith (1985) aus Stock, Marx & Schneider (2003, S. 10)

Die Analyse verschiedener umfassender und nicht nur auf einzelne Teilfertigkeiten abzielende LRS-Förderprogramme lässt einen weitestgehend allgemeingültigen Aufbau erkennen. Dieser orientiert sich in der Regel am Schriftspracherwerbsmodell von Frith (1985). Wie in der Abbildung 9 gezeigt wird, stellt Frith in ihrem Modell die Schriftsprachentwicklung in drei aufeinander aufbauenden Stufen dar, denen entsprechende Übungen zuzuordnen sind.

Unter Berücksichtigung des hier sehr vereinfacht dargestellten Modells kommen zunächst im Bereich der Leseförderung wie bereits erwähnt (s. o.) Übungen zur Förderung der *phonologischen Bewusstheit* zum Tragen. Daran schließen sich Übungen *zur Festigung der Buchstabenkenntnis und der Zuordnungen zwischen Buchstaben und ihren Lautwerten* an. *Analyse- und Syntheseübungen* werden in vielen Förderprogrammen zunächst auf *Silbenebene* und später auf *Wortebene* in einfachen Wortstrukturen geübt. Dieses Vorgehen bereitet den Prozess des Rechtschreibens vor. Dem Prinzip des Aufbaus vom Leichten zum Schweren folgend, lernen die Kinder mit zunehmend komplexer werdenden Wörtern Rechtschreibphänomene kennen, die an *Regel- und Strategiewissen* geknüpft sind. Übungen, die den Kindern verdeutlichen, dass das Nutzen von größeren Einheiten wie Signalgruppen, Morphemen und Endungen zum schnelleren Lesen führt und Kapazität für das sinnverstehende Lesen schafft, helfen ebenfalls beim sicheren und korrekten Schreiben.

Förderprogramme zum sinnerfassenden Lesen, wie z. B. „Wir sind Textdetektive" (Trenk-Hinterberger & Souvignier (2004) oder „Wir werden Lesedetektive" (Rühl & Souvignier, 2006), zielen auf die Vermittlung kognitiver und metakognitiver Lesestrategien ab. Beide Strategien fördern selbstregulierendes Lernen, eine Voraussetzung für den schulischen und außerschulischen Wissenserwerb (2006, S. 5).

Einigkeit besteht darüber, dass jegliche Förderung regelmäßig, eher in kürzeren Sequenzen, aber dafür häufiger erfolgen sollte. Die Förderung sollte so aufgebaut sein, dass Kinder Erfolge erfahren. Dafür ist erforderlich, dass die Lernstände regelmäßig erfasst werden und der Lernfortschritt dokumentiert wird. Nachfolgend werden mehrere der genannten evidenzbasierten Förderelemente exemplarisch für das Lesen, z. T. eingebettet in ein Förderprogramm, kurz beschrieben.

Festigung der Buchstabenkenntnis und der Synthese mit dem Kieler Leseaufbau (KLA)

Der KLA (Dummer-Smoch & Hackethal, 2007) unterscheidet sich von anderen Leselehrgängen durch den konsequenten Versuch, Schwierigkeitsstufen im Leselernprozess zu berücksichtigen. Auch wenn im Manual die Erschließung der Schwierigkeitsstufen nicht explizit erläutert wird, lassen sich diese aus linguistischen Überlegungen ableiten (Diehl, 2009). Priorität in der Arbeit mit Leseschwachen und Leseanfängern hat im Verfahren des *Kieler Leseaufbaus* das sonderpädagogische Prinzip der Isolierung von Schwierigkeiten. Im Kasten 2 wird dargestellt, wie innerhalb des KLA Schwierigkeiten nacheinander und isoliert voneinander bearbeitet werden.

Probleme der Dehnung und Doppelung bleiben vorerst unberücksichtigt. Der KLA verbindet Lesen und Schreiben miteinander. Schwierigkeiten der regelgerechten Schreibung sollen die Kinder im Leselehrgang noch nicht belasten.

Das Zusammenspiel von visuellen, auditiven, artikulationsmotorischen und kinästhetischen Teilprozessen soll durch Lautgebärden stimuliert werden. Eine umfassende theoretische Begründung dieses Vorgehens wird im Manual gegeben. Die Wirksamkeit von Lautgebärden als Unterstützungssystem für das Behalten von G-P-K ist umstritten (Walter, 2001). Von einer Vielzahl von Praktikern werden sie allerdings als sehr hilfreich eingeschätzt.

Kritik, wie sie von Breitenbach und Weiland (2010, S. 91) hinsichtlich einer unzureichenden Vermittlung von Strategiewissen im Kieler Leseaufbau angebracht wird, wird aus Autorensicht nicht geteilt. Im Handbuch zum KLA werden Strategien zum Lautieren, zum Verschleifen zweier Laute zur Silbe, die Strategie des Silbenschwingens in Verbindung mit Dehnsprechen, die Strategie der nachträglichen Selbstkontrolle mit Lautgebärden beim Schreiben und die Strategie zur Unterscheidung von ähnlich klingenden Konsonanten und Vokalen beschrieben. Empirische Nachweise zur Wirksamkeit des KLA stehen nach wie vor aus. Im Rahmen einer laufenden Untersuchung an der Universität Rostock werden Ende 2012 erste Aussagen zur Wirksamkeit des KLA nach zwei Schuljahren vorliegen. Unabhängig davon enthält der KLA evidenzbasierte Fördermethoden, die auch bei Grünke (2006)

Kasten 2: Isolierungen von Schwierigkeiten innerhalb des Kieler Leseaufbaus

---

Begrenzung der Anzahl von Buchstabenformen im Anfangsunterricht:
- am Anfang große Druckbuchstaben
- Groß- bzw. Kleinschreibung vorerst irrelevant.

Beschränkung auf Wörter mit 1:1 Zuordnungen zwischen Lauten und Buchstaben:
- Unregelmäßigkeiten, die sich aus phonologischen, morphologischen oder orthographischen Regeln erschließen, bleiben anfänglich unberücksichtigt (Nachteil: der Wortschatz bleibt vorerst äußerst begrenzt).

Lautieren statt Buchstabieren:
- keine Verwendung von Buchstabenbezeichnungen,
- Buchstabe wird mit dem Laut benannt, den er repräsentiert

Stufenweises Einführen von Vokalen und Konsonanten:
- Stufe 1: leicht hörbare Laute: lange Vokale, dehnbare Konsonanten,
- Stufe 2: nicht dehnbare Konsonanten, vor allem Verschlusslaute,
- Stufe 3: alle übrigen Laute, vor allem solche, die durch Buchstabenverbindungen repräsentiert werden (qu, pf, st …)

Beachten von Schwierigkeitsgraden der Wortstruktur (Stellung und Aufeinanderfolge von Konsonanten (K) und Vokalen (V), Silbenumfang):
Stufe 1: Wörter mit einfachen Strukturmustern
- (VKV, KV KV, KV KVK), wobei die Anfangssilbe zwei Laute u. U. durch drei Buchstaben repräsentiert und die Endsilben zwei oder drei Buchstaben umfassen, Endungen auf <-en> und <-er> werden durch eine Lautgebärde dargestellt.

Stufe 2: Wörter mit einfachen Konsonantenverbindungen.
- Verbindung Anfangskonsonant mit Übergangslaut (z. B. gr, bl, fr), KKV KV (Fra ge), KKV KVK (Gra ben),
- Zusammenstoßen des Endkonsonanten einer geschlossenen Silbe mit dem Anfangskonsonanten der zweiten Silbe (KVK KV – <Wol ke>, KVK KVK – <Mor gen>).

Stufe 3: Wörter mit komplexen Konsonantenverbindungen.
- Verbindungen wie STR, SPR, SCHN, Silben mit Konsonantenverbindungen am Anfang und am Ende, einsilbige Wörter, die die Buchstabenzahl drei übersteigen (<Kind>, <Grund>, <Strumpf>).

Spezifische schulische Prävention

Tabelle 4: Zuordnung evidenzbasierter Fördermethoden zu Fähigkeiten und Fertigkeiten im Lesen und deren Umsetzung im KLA

Evidenzbasierte Fördermethode	Fähigkeit/ Fertigkeit	Umsetzung im Kieler Leseaufbau
Direkte Instruktion, allmähliche Steigerung im Schwierigkeitsgrad	Buchstabenkenntnis Lesefertigkeit	• Systematische Reihenfolge in der Einführung der Buchstaben an zunächst einfachen Silben- und Wortstrukturen durch den Lehrer • anfänglich stark lehrerzentrierte Instruktion • Instruktion entsprechend den Schwierigkeitsstufen des KLA
Strategieinstruktion (nach Mackowiack, 2004)	Buchstabenkenntnis Lesefertigkeit	• Strategie des Lautierens • Strategie des Verschleifens zweier Laute zur Silbe • Strategie des Silbenschwingens in Verbindung mit Dehnsprechen • Strategie der nachträglichen Selbstkontrolle mit Lautgebärden beim Schreiben • Strategie zur Unterscheidung von ähnlich klingenden Konsonanten und Vokalen
Kombination Direkte Instruktion und kognitive Strategieinstruktion und Tutorielles Lernen	Lesefertigkeit	Vielfältige Übungen in Einzel-, Partner- und Gruppenarbeit • Lese- und Schreibübungen • Lautgebärdendiktate • Blitzdiktate • Silbenteppich, Wörter-Bingo • Spiele mit Silbenkarten, Memorykarten, Quartettkarten • Lernsoftaware „Der neue Karolus"
wiederholtes Lesen ohne Modell unter Einbezug verschiedener Hilfsangebote	Leseflüssigkeit	• Silbenteppich • Lesetexte entsprechend den Schwierigkeitsstufen des KLA
Tutorielles Lernen	allgemein	• vielfältige Partner- und Gruppenarbeitsangebote

benannt wurden (s. o.). Tabelle 4 enthält eine Zuordnung evidenzbasierter Fördermethoden, Fähigkeiten und Fertigkeiten im Lesen und entsprechende Beispiele zur Umsetzung aus dem Kieler Leseaufbau.

Das Verfahren bietet eine große Vielfalt an Übungsmaterialien (Silbenteppich, Wörterkartei, Wörterlisten, Spielkartei, Leseheftchen, Lernsoftware), die – abgestimmt auf die unterschiedlichen Schwierigkeitsstufen – mit variantenreichen Übungsmöglichkeiten (Einzel-, Partner- und Gruppenübungen) beschrieben werden. Besonders das regelmäßige Lesen mit dem Leseteppich (s. Kasten 3) fördert die Buchstabenkenntnis und das Zusammenschleifen zweier Laute auf Silbenebene.

Kasten 3: Auszug Beispiel Silbenteppich Schwierigkeitsstufe 1 (Dummer-Smoch & Hackethal, 2007, S. 24)

	A	E	I	O	U	Au	Ei	**Silbenteppich** Lesen nach Zeit, in Verbindung mit Lautgebärden, nach Vorgabe (lies alle Silben in der dritten Spalte, lies die zweite Zeile …), in Erweiterung durch Spiele mit Silbenkärtchen u. a.
M	Ma	Me	Mi	Mo	Mu	Mau	Mei	
R	Ra	Re	Ri	Ro	Ru	Rau	Rei	
S	Sa	Se	Si	So	Su	Sau	Sei	

Das Gruppenspiel „Wörter-Bingo" lässt sich vielfältig einsetzen. Es eignet sich gut für Differenzierung sowohl in der Menge als auch im Schwierigkeitsgrad. Die Wörter können analog der Schwierigkeitsstufen des KLA ausgewählt werden. Die Anzahl der Wörter lässt sich variieren durch die Anzahl der vorgegebenen Kästchen des Bingos (3 x 3 oder 4 x 4 …). Für einzelne Kinder kann die Wortanzahl durch Leerkästchen, die mit einem ☺ gefüllt werden, reduziert werden (s. Kasten 4).

Kasten 4: Beispiel Wörter-Bingo Schwierigkeitsstufe 7, Wörter auf -bel, -del, -gel in Anlehnung an Dummer-Smoch und Hackethal (2007, S. 34).

Hagel	Nudel	Rubel	☺	**Wörter-Bingo, Wörter auf -bel, -del, -gel** Wörter werden diktiert, Kinder tragen nach eigener Wahl die Wörter in die Kästchen, Leerkästchen werden mit ☺ gefüllt. Diktierte Wortkarten werden gemischt und erneut aufgerufen. Die Kinder suchen das Wort auf ihrem Blatt und streichen es durch, jede gefüllte Zeile und Spalte erhält ein Bingo. Es gibt keine Verlierer.
Nebel	Hebel	☺	Kugel	
Nadel	Segel	Pudel	☺	
☺	Tadel	Nagel	Fibel	

Insgesamt umfasst der KLA 12 Stufen der Einführung, eine weitere Stufe, auf der Wörter der Stufe 11 und 12 gegenübergestellt werden, sowie eine letzte Stufe mit Wörtern aus mehr als drei Silben der Schwierigkeitsstufe II und III. Zu jeder Schwierigkeitsstufe bietet der KLA Übungen und Spiele. Erst wenn Kinder ausreichend Sicherheit auf einer Stufe erreicht haben, wird zur nächst höheren übergegangen. Die von Dummer-Smoch & Hackethal (2002) übernommene Tabelle 5 stellt die Schwierigkeitsstufen im Überblick dar.

Übungen zur Nutzung von Signalgruppen, Morphemen und Endungen

Die folgenden Übungen zur Nutzung von Signalgruppen, Morphemen und Endungen sind dem „Kompendium Zum Abbau von Schwierigkeiten beim Lesen und beim Rechtschreiben Heft 1" (Koschay, 2006), dem Leselehrgang „Lulu lernt lesen" (Tolkmitt, 2005), der konsequent den Schwierigkeitsstufen des KLA folgt, sowie dem Marburger Rechtschreibtraining (Schulte-Körne & Mathwig, 2009), entnommen (s. Abbildung 10–12).

Welche Verfahren der Früherkennung und Förderung sind relevant?

Tabelle 5: Stufen der Einführung (Dummer-Smoch & Hackethal, 2007, S. 15)

Stufe	Eingeführte Buchstaben	1:1 Zuordnung möglich?	Länge der Vokale	Dehnbarkeit der Konsonanten	Wortstruktur Muster	Wortstruktur Beispiel	Schwierigkeitsstufe Laute	Schwierigkeitsstufe Wörter
Vorstufe	a, e, i o, u, au, ei	ja	lang	...	...	...	I	I
1	m, r, s	ja	lang	ja	VKV / KVKV	U li / Ro se	I	I
2	n, f, l							
3	h, en, -er	weitgehend	lang, nur /e/ in Endung kurz	ja / ja	VKVK / KVKV	Of en / ma len	I	I
4	ch, w, z							
5	p, t, k	weitgehend	lang, nur /e/ in Endung kurz	nein	KVKV / KVKVK	Ki no / Re gen	II	I
6	b, d, g							
7	eu, sch, -el							
8	j, v, ß							
9	ä, ö, ü							
10	qu, x, y							
11	2 Konsonanten am Wortanfang	erschwert	lang, nur /e/ in Endung kurz	nein	KKVKV / KKVKVK	Pro be / Fra gen	II	II
12	Kurzvokal in der Stammsilbe	erschwert	kurz	nein	KVKKV / KVKKVK	Wol ke / Bal ken	III	II
13	Gegenüberstellung von Wörtern der Gruppe 11 und 12:				– / –	Kno ten / Bro te	III	II
14	Wörter mit mehr als drei Silben der Schwierigkeitsstufen II und III						III	III

Spezifische schulische Prävention

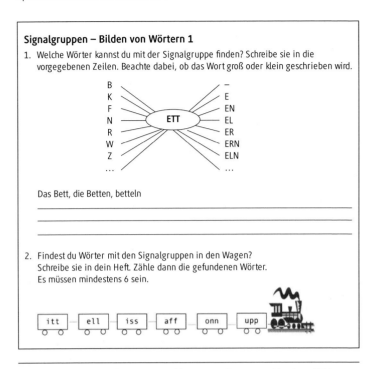

Abbildung 10: Signalgruppen – Bilden von Wörtern aus Koschay (2006, S. 33)

In dieser Übung wird der Fokus auf Signalgruppen mit kurzem Vokal und nachfolgendem Doppelkonsonant gelenkt. Das gezielte Lesetraining zum einen von der Signalgruppe und zum anderen von Wörtern, die diese Signalgruppen enthalten, fördert das schnelle und korrekte Lesen. Gleichzeitig soll der Transfer auf andere Wörter mit den gleichen Signalgruppen hergestellt und die Kenntnis und Anwendung der Rechtschreibregel „Nach kurzem Vokal folgen mehrere Konsonanten. Sofern nur ein Konsonant hörbar ist, wird dieser verdoppelt" vorbereitet werden.

In der Übung (Abbildung 11) lesen die Kinder mit Bildunterstützung. Es wird die Synthesefähigkeit bei gleichzeitiger Sinnentnahme gefördert, indem Quatschwörter von Inhaltswörtern unterschieden werden.

Abbildung 11: Übungen zur Synthese, lesen von sinnhaften Wörtern aus (Tolkmitt, 2005, Heft 3 S. 96)

Mit der Puzzle-Übung aus dem Marburger Rechtschreibtraining (s. Abbildung 12) wird die Aufmerksamkeit auf das Stammmorphem und die Endung gelenkt. Durch die Markierungen (im Original farbig) wird deutlich, dass sich das Stammmorphem in den einzelnen Personalformen nicht verändert.

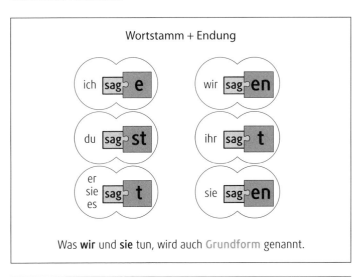

Abbildung 12: Stammmorphem und Endungen bei Verben (Schulte-Körne & Mathwig, 2001, S. 6-2)

Spezifische schulische Prävention

Förderung des sinnentnehmenden Lesens mit den Lesedetektiven

Mit dem Unterrichtsprogramm „Wir werden Lesedetektive" (Rühl & Souvignier, 2006) wird bereits in der Grundschule ein Einstieg in die selbständige Nutzung von Lesestrategien ermöglicht. Der Einsatz des

Kasten 5: Aufbau des Programms „Wir werden Lesedetektive" von Rühl und Souvignier (2006)

Das Programm umfasst fünf Lerneinheiten, deren Inhalte in ca. 30 Stunden unterteilt sind. Die Anzahl der benötigten Stunden ist abhängig von den Vorkenntnissen und Fähigkeiten einer Klasse und ist insofern dem Klassenniveau entsprechend zu variieren. Die Lerneinheiten sind in mehrere aufeinanderfolgende Lernschritte eingeteilt. Im Manual werden diese mit zusätzlichen Bemerkungen für den Lehrer (Tafelbild, Informationen zum Arbeitsblatt u. a.) in Unterrichtplanungen klar definiert. Der Arbeitsaufwand für den Lehrer ist als sehr gering einzuschätzen, da die Stunden sehr kleinschrittig vorgegeben werden. Zum Programm gehört ein Arbeitsheft für die Schülerinnen und Schüler.

Nach einer Einführung in das Thema „Was macht ein Lesedetektiv?" werden die Detektivmethoden in den darauf folgenden Lerneinheiten thematisiert. Die Schüler lernen insgesamt vier Detektivmethoden kennen.

Zu den Verstehensmethoden gehören:
- Detektivmethode 1: Überschrift beachten
- Detektivmethode 2: Umgang mit Textschwierigkeiten

Zu den Behaltensmethoden gehören:
- Detektivmethode 3: Zusammenfassen von Geschichten
- Detektivmethode 4: Zusammenfassen von Sachtexten.

Die Textauswahl schließt unterschiedliche Themenbereiche ein. Zudem können die Lesestrategien auch anhand selbstgewählter Texte vermittelt werden. Die vier Lesestrategien werden in annähernd gleicher Weise vermittelt. Für jede Lesestrategie liegen sogenannte „Merkblätter" (Festigung des Wissens über „Detektivmethoden") und „Selbstprüfungen" (Multiple Choice Verfahren) zur Überprüfung des eigenen Lernfortschritts sowie Erarbeitungs- und Übungstexte vor. Schließt ein Schüler das Programm erfolgreich ab, bekommt er eine Lesedetektiv-Urkunde.

Programms sollte erst erfolgen, wenn die Schüler Sicherheit in der Lesetechnik besitzen, d. h. Wörter nicht mehr lautorientiert lesen. Das Programm „Wir werden Lesedetektive" wurde in zwei Studien auf seine Wirksamkeit geprüft (Souvignier & Rühl, 2005). Die Konzeption des Programms basiert auf Erkenntnissen zum selbstregulierten Lernen (Boekaerts & Corno, 2005). Mit dem Programm werden kognitive und metakognitive Lesestrategien vermittelt und deren Einsatz geübt. Nach Abschluss des Trainings wissen die Schüler, welche Methode sie zur Unterstützung des Verstehens und Behaltens von Texten auswählen sollten und wie sie den Leseprozess durch Lesestrategien überwachen und steuern können (Rühl & Souvignier, (2006, S. 5). Eingerahmt wird die Lesestrategievermittlung in eine kriminalistische Handlung. Um „Fälle" mit Hilfe von „Detektivmethoden" lösen zu können, werden die Schülerinnen und Schüler zu „Lesedetektiven" ausgebildet.

5

Der Response to Intervention-Ansatz (RTI-Ansatz) – ein neuer Weg in der schulischen Prävention

5.1 Warum RTI?

Bereits im ersten Kapitel wurden gängige Einteilungen von schulischen Minderleistungen kritisiert, ebenso die damit assoziierten Begriffe. Hinterfragt wurden die definitorischen Grenzen zwischen den postulierten Formen schulischer Schwierigkeiten, eine unübersichtliche hohe Anzahl möglicher Typen sowie eine fehlende Relevanz definierter Zielgruppen für Diagnostik, Unterricht und Förderung. In diesem Zusammenhang wurde die Diskrepanzdefinition im Sinne der ICD-10 kritisiert (s. Abschnitt 1.1). Im zweiten Kapitel wurden Qualitätsstandards Schulischer Prävention bestimmt, wie beispielsweise klare Zielsetzungen und Zuordnungen einer präventiven Maßnahme zu einer Präventionsebene, theoretische Fundierung sowie empirische Wirksamkeitsnachweise (s. Abschnitt 2.3). Bei der Analyse präventiver Maßnahmen zur Vermeidung schulischer Minderleistung im dritten Kapitel wurde deutlich, dass nur wenige im deutschsprachigen Raum diskutierte Maßnahmen als empirisch bewährt, also als evidenzbasiert anzusehen sind. Zudem zeigt sich, dass gerade präventive Maßnahmen erfolgreich sind, die strukturiert und systematisch ungünstig ausgeprägten Bedingungsfaktoren schulischer Leistungen und Lernschwierigkeiten direkt begegnen und in ihrem Prozessverlauf Kontroll- und Evaluationsschleifen integrieren. Die Notwendigkeit der Einbettung strukturierter gezielter Hilfen in ein primärpräventives schulisches Umfeld (z. B. qualitativ hochwertiger Unterricht) wurde deutlich. Im vierten Kapitel wurde am Beispiel der Leseförderung exemplarisch erläutert, was unter spezifischen evidenzbasierten Fördermaßnahmen zu verstehen ist.

In diesem abschließenden Kapitel wird der Response to Intervention-Ansatz (RTI-Ansatz) vorgestellt, zum einen als eigenständiger Ansatz der theoretischen Fundierung adaptiver Förderung, zum anderen als auf dem RTI-Ansatz basierendes Präventionsmodell mit den Elementen
- Mehrebenenprävention,
- evidenzbasierte Praxis sowie
- formative Evaluation von Förderung mit Monitoringsystemen, insbesondere mit curriculumbasierten Messverfahren (CBM).

Der RTI-Ansatz basiert sowohl theoretisch als auch praktisch auf sonderpädagogischen und pädagogisch-psychologisch fundierten Arbeitsweisen. Insbesondere dem im ersten und zweiten Kapitel angesprochenen Problemen von „wait to fail"-Konzepten und unzulässigen weitreichenden Schulleistungsprognosen begegnet der Ansatz konsequent. Letztlich integriert er wesentliche Erkenntnisse und Konzepte, die sich in der Präventionsforschung durchgesetzt haben. In den USA wird das Präventionsmodell RTI gegenwärtig gezielt in die schulische Praxis implementiert und entwickelt sich dort zu einem konstituierenden Element der allgemeinen Schulpädagogik. Ein erster umfassender Versuch der Implementation des RTI-Ansatzes in die deutsche Schulpraxis findet seit dem Schuljahr 2010/11 mit den Grundschulen der Insel Rügen statt. Ausführliche Informationen zu diesem Vorhaben finden sich bei Mahlau, Diehl, Voß und Hartke (2011) sowie Diehl, Mahlau, Voß und Hartke (2012, im Druck). In den letzten Jahren nimmt die Anzahl der Veröffentlichungen im deutschsprachigen Raum über

RTI sowie die damit verbundenen CBM zu (z. B. Klauer, 2006; Diehl & Hartke, 2007; Hartmann, 2008; Walter, 2008a, b; 2009a, b; 2011a, b; Strathmann & Klauer, 2010). Der RTI-Ansatz zielt letztendlich auf die Verbesserung von Unterrichtsqualität ab, indem datenbasiert unter Einsatz evidenzbasierter Interventionen und formativer Evaluationen didaktisch-methodisches Handeln den Lernvoraussetzungen der Schüler angepasst wird. Er unterscheidet sich aber deutlich von bisherigen Versuchen der Adaption von pädagogischen Handlungen an die Lernvoraussetzungen von Schülern, die sich mehr oder minder explizit am Aptitude Treatment Interaction-Ansatz (ATI-Ansatz) orientieren.

Was unterscheidet den RTI-Ansatz vom Aptitude Treatment Interaction-Ansatz und wo bestehen Gemeinsamkeiten? Um die Idee des Response to Intervention-Ansatzes besser zu verstehen, wird zunächst die bislang umgesetzte Präventions- und Förderarbeit im alternativ zu betrachtenden Aptitude Treatment Interaction-Ansatz diskutiert.

Zentrales Merkmal eines guten Unterrichts ist die Passung zwischen den Lernvoraussetzungen der Lernenden und der Gestaltung des Unterrichts. Zentrale Frage dabei ist, ob sich die Lernenden an den Unterricht und dessen Anforderungen anzupassen haben oder sich die Lehrenden bei der Gestaltung des Unterrichts an die Lernenden anzupassen haben. In einem selektiven Bildungssystem, wie es nach wie vor in der Bundesrepublik besteht, soll eine Passung zwischen Lernenden und Unterricht durch die Auswahl bestimmter Schülergruppen zu bestimmten Schultypen erreicht werden. Dieses Vorgehen ist kritisch zu hinterfragen, nicht nur im Rahmen der Entwicklung hin zu einer inklusiven Schule im Sinne der UN-Behindertenrechtskonvention, sondern auch unter methodologischen Aspekten. Ein solches Vorgehen ist nur vertretbar, wenn Schullaufbahnentscheidungen auf validen Prognosen späterer Schulleistungen beruhen würden. Wie im zweiten Kapitel gezeigt wurde, sind derartige Prognosen grundsätzlich schwierig und sehr fehleranfällig.

Eine Alternative zu selektiven wird in adaptiven Systemen gesehen. Hier gilt es den Unterricht inhaltlich und methodisch an die Lernenden anzupassen. Die Wurzeln des Adaptiven Unterrichts liegen in der Sonderpädagogik. Die Umsetzung dieses Konzeptes findet am häufigsten in sonderpädagogischen oder in reformpädagogischen Schulsettings und in Grundschulen statt. Wember (2001) beschreibt Adaptiven Unterricht in einer sehr weiten Definition als „… die grundlegende pädagogische Idee, [in der] die Inhalte und Methoden des Unterrichts ... in differenzierter Weise an die jeweils individuellen und sehr unterschiedlichen Lernvoraussetzungen angepasst werden [müssen], welche die Schülerinnen und Schüler in den Unterricht einbringen" (S. 161). Adaptiver Unterricht, international auch bezeichnet als *adaptive instruction*, *adaptive teaching*, *adaptive education* und *individualized instruction*, beinhaltet Strategien und Verfahren der Differenzierung und Individualisierung von Unterricht. Diese Strategien basieren im deutschsprachigen Raum mehr oder minder bewusst vorwiegend auf dem ATI-Ansatz. Sowohl der RTI- als auch der ATI-Ansatz sind theoretische Ansätze, die zu Handlungsempfehlungen für die Gestaltung von adaptiven Unterricht und Förderung führen.

Der Begriff der Lernvoraussetzungen im Sinne von Fähigkeiten, Begabungen, Neigungen und Eignung wird in der internationalen pädagogisch-psychologischen und sonderpädagogischen Forschung als *aptitude* bezeichnet, der Begriff Unterricht wird häufiger mit *treatment* gleichgesetzt. Aptitudes beziehen sich dabei auf Merkmale, die für den Unterricht bedeutsam sind, mit treatments sind nicht nur methodische Ansätze, sondern auch inhaltlich bestimmte Programme gemeint. Aptitudes sind dabei nicht nur als Personenmerkmale des Lernenden und des Lehrenden, sondern auch als situative Bedingungen materieller Art zu verstehen, die das Lehren und Lernen in und außerhalb der Schule beeinflussen. Treatments wiederum lassen sich nicht nur vom methodischen Ansatz her unterscheiden, sondern auch von den Inhalten (Wember, 2001, S. 161).

Im Kontext der Lehr-Lernforschung spielen die Begriffe aptitude und treatment eine besondere Rolle. Die Interaktion (interaction) zwischen aptitude und treatment hebt auf die Notwendigkeit ab, dass „Unterricht passgenau und auf ganz unterschiedliche Art und Weise auf unterschiedliche Personen- oder Schülergruppen reagiert" (Walter, 2008a, S. 202). Innerhalb des ATI-Ansatzes wird in der Sonderpädagogik Adaptiver Unterricht so umgesetzt, dass für jedes Kind – diagnosegeleitet – Unterricht möglichst passgenau auf die individuellen Bedürfnisse abgestimmt wird. Umgesetzt wird diese Zielstellung mit dem sogenannten Problemlösungsansatz (*Problem Solving Approach*). Ein Team – aus Sonder und Regelschulpädagogen bestehend – empfiehlt in Teambesprechungen, Klassen- oder Schülerkonferenzen Interventionen, die auf die individuellen Bedürfnisse eines jeden einzelnen Kindes der Klasse ausgerichtet sind. Dies wird zumeist durch Formen des Offenen Unterrichts realisiert (s. Abschnitt 3.1). Der Ansatz ist für individuelle Lernschwierigkeiten und -bedürfnisse sensitiv. Der Aufwand ist allerdings als sehr hoch einzuschätzen. Ebenfalls kritisch zu beurteilen ist die damit verbundene Vielfältigkeit der Umsetzung, die u. a. in Abhängigkeit zu den Erfahrungen und Kompetenzen ihrer Anwender, also der Lehrerinnen und Lehrer, steht. Wird z. B. empfohlen, die phonologischen Fähigkeiten des Kindes zu fördern, sagt eine solche Empfehlung nichts darüber aus, wie häufig, in welchem Umfang, mit welcher Intensität und Vorgehensweise gefördert werden soll. Zudem fehlen Aussagen, nach welchen Kriterien die Förderung als erfolgreich eingeschätzt wird und ab wann sie modifiziert oder wiederholt durchgeführt werden soll. Der Förderung fehlt es an Güte im Sinne von Objektivität, Reliabilität und Validität. Hartmann (2008) spricht von einer „reduzierten Treue und Validierung der Interventionen" (S. 129). Der ATI-Ansatz erfordert seitens der Beteiligten eine intensive Auseinandersetzung mit dem Kind und seinem Umfeld, umfangreiches Wissen über individuelle Entwicklungsprozesse, vielfältige Kenntnisse über Methoden, Flexibilität im pädagogischen Handeln und eine hohe Anstrengungsbereitschaft der Pädagogen. Diesem sehr hohen Anspruch können Pädagogen selbst in Sonderschulklassen mit niedriger Schülerzahl (in der Regel max. 14 Schüler) kaum gerecht werden. Die Forschungsergebnisse über Offenen Unterricht (s. Abschnitt 3.1) legen die Vermutung nahe, dass das Desiderat einer optimalen Passung zwischen aptitudes und treatment innerhalb des Denkmodells ATI eher selten erfolgreich umgesetzt wird. Zudem zeigen sich bei einer Analyse der zugrunde gelegten Annahmen des ATI-Ansatzes weitere Schwächen (Walter, 2008a; Hartmann 2008).

Welche Annahmen liegen dem ATI-Ansatz zugrunde? Es wird davon ausgegangen, dass gültige Wechselwirkungen zwischen bestimmten aptitudes (Lernvorausstzungen) auf Seite der Lernenden und bestimmten Arten des Unterrichtens (instruction) bestehen. Hiernach sei es letztlich möglich, eine optimale Passung zwischen Gruppen von Lernenden und treatments herzustellen. Walter (2008a) formuliert innerhalb einer kritischen Betrachtung des ATI-Ansatzes: „Ein und dieselbe unterrichtliche Maßnahme erzeugt bei unterschiedlichen Personengruppen (mit einer bestimmten Merkmalskonfiguration) vorhersagbare und bedeutsame Unterschiede im Lernergebnis" (S. 202). Ein bestimmtes methodisches Vorgehen wird demzufolge von den Merkmalen einer Schülergruppe abgeleitet, weil genau dieses Vorgehen für Schüler mit den bestimmten Merkmalen als hilfreich, im Sinne von Lernsteigerung und Verhaltensverbesserung, erachtet wird. Walter (ebd.) diskutiert an ausgewählten Zitaten von Snow (1989), einem Befürworter des ATI-Ansatzes, sehr überzeugend Grenzen und Widersprüche des ATI-Ansatzes u. a. bezogen auf

- die Individualität der Lerner und
- die Klassifizierung von Personen und Situationen.

Allein die Anerkennung, dass Kinder beim Lernen auf verschiedene Arten der Instruktion unterschiedlich reagieren, sagt noch nichts darüber aus, wie dieser Verschiedenheit in Theorie und Praxis Rechnung zu tragen ist. Dieses Problem wird im ATI-Ansatz damit beantwortet, dass Personen und Situationen klassifiziert werden und von einer direkten Wechselwirkung zwischen Klassifikationen der Personen und Situationen ausgegangen wird. Vor diesem Hintergrund wiederum werden Interaktionen zwischen einer Person mit den unterschiedlichen Lernerfahrungen anderer Personen innerhalb der Gruppe als Einflussfaktor geleugnet (s. auch Kapitel 5.2). Abgesehen von den genannten Schwierigkeiten, besteht in der Sonderpädagogik und zunehmend im Kontext der Inklusionsbewegung nach wie vor die berechtigte Forderung, die individuellen Bedürfnisse eines jeden Schülers zu berücksichtigen. Es stellt sich die Frage, ob es andere Möglichkeiten als die des Aptitude Treatment Interaction-Ansatzes gibt, die eine gute Passung zwischen Lernvoraussetzungen und Unterricht herstellen. Nachfolgend wird der RTI-Ansatz vorgestellt und als Alternative zum ATI-Ansatz diskutiert.

5.2 Was bedeutet RTI als theoretischer Gegenentwurf zum ATI-Ansatz?

Befürworter des RTI-Ansatzes wie z. B. Deno (1985) oder Fuchs & Fuchs (1986) bezweifeln, dass es gelingen kann, für die Vielzahl unterschiedlicher Merkmalskonfigurationen von Schülern jeweils ein passendes treatment zu gestalten. Stattdessen sei es aber möglich zu überprüfen, ob die Passung zwischen Lernvoraussetzungen und Unterricht bzw. Förderung vorhanden ist. Vermutlich ist sie bei einer Vielzahl von Schülern bereits unter den Alltagsbedingungen einer Schule gegeben, bei anderen aber nicht. Das Problem, das es zu lösen gilt, sei, dass man diagnostische Methoden und Verfahren braucht, die einen Einblick geben, ob ein Schüler vom Unterricht profitiert, er also im Sinne der unterrichtlichen Interventionen „antwortet" und ein sogenannter „responder" ist. Ist eine angemessene „Response to Intervention" gegeben, besteht eine gute Adaption von Lernvoraussetzungen des Schülers und dem Unterricht. Zeigt ein Schüler keine erwartungsgemäße Leistungsentwicklung, („nonresponder"), wenn also die Passung von Unterricht und Förderung und Schülermerkmalen nicht gegeben ist, müsse diese hergestellt werden. Eine solche Prüfung des Erfolgs laufender Maßnahmen wird allgemein als formative Evaluation bezeichnet. Im Gegensatz zu summativen Evaluationen, die abschließend die Wirksamkeit von Maßnahmen prüfen, dienen formative Evaluationen der Qualitätssicherung bzw. -steigerung stattfindender treatments.

Die frühe RTI-Forschung zentrierte sich um die Frage, ob ein formatives Evaluationssystem zur Verbesserung der Wirksamkeit pädagogischen Handelns bei Schülern mit Lernstörungen führt (Deno, 2003a). Im Verlauf des Forschungsprogramms data-based-program modification (DBPM) wurde ein Set von Entwicklungsbeobachtungsverfahren (progress monitoring procedures) entwickelt, wobei die neu gestalteten Verfahren Gütekriterien konventioneller Tests (Objektivität, Reliabilität und Validität) berücksichtigen. Inhaltlich ging es zunächst um Lernfortschritte im Lesen und Schreiben. Kernfragen waren:
1. Was soll gemessen werden („What to measure")?
2. Wie müssen die Aufgaben strukturiert und gestaltet sein, damit wiederholte Messungen Lernfortschritte abbilden („How to measure")?
3. Sind die gewonnenen Ergebnisse für die Entwicklung von Förderprogrammen nützlich („How to use") (Deno, 2003a, S. 4)?

Durch systematische Untersuchungen zur Validität und des Nutzens sowie zur Durchführbarkeit des Verfahrens wurden die Hauptforschungsfragen immer klarer beantwortet. Das Ergebnis dieser Untersuchungen führte zur Entwicklung von curriculum based measurements – CBM (Deno, 1985), als Verfahren zur Unterstützung bildungsrelevanter Entscheidungen in unterschiedlichen Kontexten. *Curriculum-based* meint, es geht in den Verfahren um schulische, lehrplanorientierte Aspekte der Entwicklung von Kindern. Die Inhalte der Leistungseinschätzungen oder der Messungen sind dem Unterrichtsmaterial entnommen und beziehen sich also auf schulisch vermittelte Fertigkeiten, Wissenssysteme und Kompetenzen. CBM dienen der Messung des Lernfortschritts. Ziel des Forschungsprogramms DBPM war, ein praktikables, leicht durchführbares und wirkungsvolles formatives Bewertungssystem als Grundlage für Entscheidungen zur besseren Abstimmung des Unterrichts auf Bedürfnisse der Kinder zu entwickeln. Als Kern des Bewertungssystems wurde ein einfach zu handhabendes und valides Set von Messverfahren entwickelt, welches Lehrer, mit Hilfe sich häufig wiederholender Messungen zur Feststellung des Lernfortschritts der Schüler im Lesen und Schreiben, nutzen können. Das Verfahren ist streng auf die Messung schulischer Lehr- und Lernfortschritte ausgerichtet, was nur möglich ist, wenn hohe Standards der Güte der Messungen eingehalten werden. Im weiteren Verlauf der Entwicklung von CBM zeigte sich, dass sie ebenfalls erfolgreich durchzuführen sind, wenn die Items nicht unmittelbar aus dem Unterrichtsmaterial stammen, aber in gleicher Weise den Schwierigkeitsmerkmalen der zu testenden Fertigkeit entsprechen. In diesem Fall spricht man von *general outcomes measures* (GOM) oder von *dynamic indicators of basic skills* (DIBS) (Deno, 2003a).

CBM dienen der Erfassung der Leistungsveränderungen eines Schülers oder von Schülergruppen (Klassen) im Verlauf einer bestimmten Zeitspanne zu festgelegten Zeitabständen. Es wird der *Lernfortschritt* in einer Fertigkeit oder in komplexen Fähigkeiten über einen definierten Zeitraum dokumentiert. Durch die häufige Wiederholung der Messung mit Hilfe von Aufgaben, die für eine geforderte Leistung repräsentativ sind, wird der Lernfortschritt erfasst. Häufige wiederholte Messungen (bis zu einmal wöchentlich) geben dem Lehrer eine direkte Rückmeldung zur Wirksamkeit seines pädagogischen Handelns. Er bekommt einen Einblick, wie sich sein Tun auf die Leistungen des Schülers auswirkt. Auf schnelle und ökonomische Art und Weise wird ihm so signalisiert, wenn der Lernfortschritt unbefriedigend und eine Modifikation der didaktischen Interventionen angezeigt ist (Klauer, 2006). Ausdrücklich sei erwähnt, dass CBM bzw. der RTI-Ansatz nicht der Klassifikation oder Selektion von Schülern dient. Lernfortschrittsmessungen im Sinne des CBM helfen dabei, den pädagogischen Prozess frühzeitig zu modifizieren, wenn Lernverläufe nicht so verlaufen, wie sie es eigentlich sollten. Die dem RTI-Ansatz zugrunde liegenden Modellvorstellungen lassen sich wie folgt zusammenfassen:

- Im Unterricht orientiert sich der Lehrer an den inhaltlichen Vorgaben des jeweiligen Curriculums der Schule und des Distrikts.
- Entsprechend seinem allgemeinen oder fachdidaktischen Wissen und seiner Einschätzung der unterrichtlichen Situation entscheidet die Lehrkraft, wie sie pädagogisch handelt. Entscheidendes Ziel des Handelns ist, dem Schüler die Unterrichtsinhalte zu vermitteln und damit den Lernprozess voranzutreiben. Hierbei wählt der Lehrer zwischen verschiedenen Handlungsmöglichkeiten aus und wechselt die Unterrichtsmethoden (insbesondere bei fehlendem Lernerfolg oder zu geringem Lernfortschritt).
- Eine Voraussetzung für Modifikationsentscheidungen im pädagogischen Vorgehen ist die valide Darstellung der Leistungsentwicklung des Schülers.

Aus der Praxis ist allerdings bekannt, dass Lehrer standardisierte Tests eher selten anwenden. Häufiger hingegen werden informelle Verfahren angewendet. Diese sind zwar für den Lehrer in der Durchführbarkeit oft anwenderfreundlicher, erfüllen aber beispielsweise nicht die bei standardisierten Tests üblichen Gütekriterien und bieten so nur bedingt eine valide Erfassung der Schülerleistungen. Wie aber erfährt der Lehrer, ob seine pädagogischen Entscheidungen wirkungsvoll sind? Worauf basieren seine Entscheidungen für eventuelle Modifikationen oder Fördermaßnahmen im pädagogischen Prozess und woher nimmt er die Sicherheit, den Schülern tatsächlich zu helfen? Der RTI-Ansatz basiert auf der *Modellvorstellung*, dass der Lehrer durch häufig wiederholte *kontentvalide Messungen* mit relativ vielen Paralleltests den Lernverlauf des Schülers verfolgen kann, sich im Lernverlauf die Wirksamkeit seiner pädagogischen Entscheidungen abbildet und er somit sein pädagogisches Handeln evaluieren kann. Es wird davon ausgegangen, dass die Ergebnisse von CBM dem Lehrer Informationen liefern, die Entscheidungen über das pädagogische Vorgehen unmittelbar unterstützen. Die Wirksamkeit getroffener Entscheidungen wird sich in erneuten Messungen zum gleichen Lernziel widerspiegeln und somit dem Lehrer Sicherheit geben, ob seine Entscheidungen richtig waren. Wesentlich erscheint, dass nicht allein die Feststellung der Leistung zu einem bestimmten Zeitpunkt, sondern die Abbildung des Lernverlaufs ein effizienteres Lehrerhandeln evoziert. Durch die curriculumbasierte Wahl der Aufgaben hat die Leistungsmessung direkten Bezug zum Curriculum der Schule oder des Distriktes und erlaubt eine direkte und kontinuierliche Beobachtung der Schülerleistung hin zu curricular zu erwartenden Leistungen zum Schuljahresende. Die Durchführung der kurzen Paralleltests erfolgt standardisiert und objektiv, die Reliabilität der Messungen ist hoch, die inhaltliche Validität ist gegeben. Im Gegensatz zu eher explorativen informellen Verfahren, deren Ergebnis zu einer Einschätzung der Kenntnisse des Schülers führt, führen die Paralleltests zu einer Reihe von Messergebnissen. Die Sensibilität für Lernverlaufsbeobachtungen beim Lehrer soll sich durch den Einsatz von CBM erhöhen, kleinere Lücken im Lernprozess des Schülers sollen besser erkannt und durch entsprechende Maßnahmen geschlossen werden.

CBM ermöglicht eine übersichtliche und leicht verständliche Darstellung der Leistungsentwicklung in einem Diagramm (Abbildung 13).

Über einen Graph lässt sich sehr leicht der Entwicklungsverlauf dokumentieren. Eine solche Darstellung ist für den individuellen Lernfortschritt wie auch für den Klassen- oder Jahrgangsvergleich gleichermaßen möglich. Im Folgenden wird an einem Beispiel kurz skizziert, wie die Leseleistung eines Erstklässers über CBM erfasst werden kann: Zuerst wählt der Lehrer Texte aus, die den zu erwartenden Lesefähigkeiten eines Erstklässlers zum Jahresende entsprechen. Die Texte sollten jeweils ca. 200 Wörter umfassen und es müssen ca. 18 Texte für die Verlaufsmessung über ein Schuljahr zur Verfügung stehen. Die Texte werden in der wöchentlich zu lesenden Reihenfolge nummeriert. Die Messungen können im ersten Halbjahr durchgeführt und im zweiten Halbjahr in derselben Reihenfolge wiederholt werden. Als Regel für die Frage der Häufigkeit der Messung gilt: Je größer das Leseproblem, desto häufiger sollte gemessen werden. Dem Schüler werden zu Beginn der CBM drei Texte zum Lesen gegeben. Für jeden Text hat er eine Minute Zeit. Aus den Ergebnissen der drei Messungen wird das arithmetische Mittel der richtig gelesenen Wörter (in einer Minute) als Ausgangswert gebildet. Jeder wöchentlich gemessene Wert wird in das Diagramm

Der Response to Intervention-Ansatz (RTI-Ansatz)

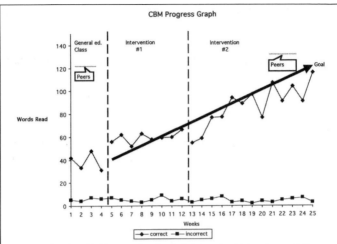

Erläuterung: In der Abbildung werden die Häufigkeiten der richtig gelesenen Wörter (Words Read) jeweils in einem Graphen über den Zeitraum von 25 Wochen dargestellt. Die horizontale Achse gibt die Anzahl der Wochen bzw. die Häufigkeit der Messungen an, die vertikale Achse zeigt die Anzahl der korrekt gelesenen Wörter des Textes. Die senkrecht gestrichelten Linien grenzen drei unterschiedliche Förderzeiträume ab: Unterricht in der Regelklasse (General education Class), Intervention #1 und Intervention #2. Die waagerechten gestrichelten Linien mit der Beschriftung „Peers" geben die durchschnittliche Häufigkeit der richtig gelesenen Wörter in einer Minute der Klassenkameraden in den jeweiligen Wochen an. Der durchgezogene Graph verbindet den gemittelten Ausgangswert nach vier Wochen mit dem festgelegten Förderziel (Goal) und markiert den gewünschten Lernfortschritt.

Abbildung 13: CBM Entwicklungsgraph (Deno, 2003b, S. 186)

eingetragen und mit einer wünschenswerten Progredienz des Lernfortschritts verglichen, denn wesentliches CBM-Merkmal ist, dass auf dem Ausgangwert basierend (hier gelesener Wörter) ein Jahresziel definiert wird. Die Entwicklung der Leseleistung lässt sich dann in Beziehung zum Jahresziel setzen. Es lässt sich abschätzen, ob beispielsweise die gewählten Übungen und deren Frequenz zum definierten Ziel führen.

Das Jahresziel wird folgendermaßen bestimmt:
- Datum für die Endmessung festlegen,
- Anzahl der Wochen bis zur Endmessung bestimmen,
- mit der Anzahl der Wörter, die ein Kind pro Woche zusätzlich lesen sollte, multiplizieren,

- mit der Durchschnittsanzahl der korrekt gelesenen Wörter der drei Ausgangstexte addieren.

Je nachdem, ob das Ziel als minimales, erreichbares oder maximales Ziel definiert wurde, handelt es sich meist um eine Anzahl von 1,0 über 1,5 bis 2,0 Wörter, die pro Woche bei Erstklässlern zusätzlich gelesen werden sollen. Weitere Informationen und Beispiele finden sich bei Deno, Lembke & Anderson (2007).

Der RTI-Ansatz wurde in den letzten dreißig Jahren in Verbindung mit der Entwicklung von CBM vielfältig erforscht und evaluiert (Fuchs, 2004). In jahrzehntelanger Forschung konnte belegt werden, dass CBM valide, aussagekräftige und sensible Daten über Schülerleistungen und zum Lernfortschritt liefert. Es konnte außerdem nachgewiesen werden, dass sich Schülerleistungen verbessern, wenn Lehrer CBM als Unterstützungssystem für die Richtigkeit ihrer pädagogischen Entscheidungen nutzen (Deno, 2003a). Das Verfahren ist sowohl in der Durchführbarkeit als auch in der Auswertung ökonomisch und leicht verständlich und nicht an bestimmte didaktische Konzepte gebunden. CBM ist gleichermaßen für die Arbeit mit leistungsdurchschnittlichen wie auch mit Schülern mit Lernschwierigkeiten geeignet.

Nur: Durch wiederholte Messungen allein entstehen keine Lernfortschritte, ebenso wenig durch eine Modifikation von Förderentscheidungen über eine „Versuchs- und Irrtumsstrategie". Lernfortschritte – gerade bei Schulschwierigkeiten – entstehen durch gezielte theoriegeleitete und lerngegenstandsbezogene spezifische Übungen. So gesehen fungieren CBM nur als ein Impulsgeber in einem mehr oder minder qualifiziert stattfindenden Vermittlungsprozess.

Zu einer ähnlichen Schlussfolgerung kommen Graney und Shinn (2005) in einer Vergleichsstudie zu Effekten von R-CBM (Reading Curriculum Based Measurement) bei verschiedenen Arten von Rückmeldungen an Lehrer in Regelschulen. Sie stellten fest, dass, wenn Regelschullehrer lediglich die Daten aus den Tests in Form von Diagrammen (Verlaufsgraph) erhalten, sich die Leistung der Schüler im Lesen nicht verbessert: Nur allein das Wissen, wie viele Wörter ein Kind richtig gelesen hat, verbessert noch nicht das Lehrerhandeln und die Lesekompetenz des Schülers. Es spielte dabei keine Rolle, ob sich die Rückmeldungen auf eine Gruppe oder einzelne schwache Leser bezogen. Es zeigten

sich keine Unterschiede im Vergleich zur Gruppe von Lehrern, die keine Rückmeldungen aus den Lesetests erhielten. Im Gegenteil: Negativentwicklungen bei einzelnen schwachen Lesern traten auf, wenn Lehrer Bestätigung über die schon vorgenommene Einschätzung zur Leseleistung des entsprechenden Schülers erhielten. Als Konsequenz fordern die Autoren, dass es nicht ausreicht, den Lehrern an Regelschulen lediglich Rückmeldungen in Form von Diagrammen und Zahlen zu geben, sondern Rückmeldungen müssen
a) inhaltlich beschrieben und erläutert werden und
b) Empfehlungen für Modifikationen im Unterricht enthalten, die zu Leistungsverbesserungen führen.

Die hier beschriebene RTI-Forschung führte in Verbindung mit weiteren Erkenntnissen der Präventionsforschung (s. Kapitel 1–4) zu der Entwicklung des RTI-Präventionsmodells.

5.3 Was bedeutet RTI, verstanden als Präventionsmodell?

Response to Intervention, verstanden als Präventionsmodell, ist ein Modell, in dem allen Kindern einer Klasse mit bestbewährten Interventionen Hilfe von Anfang an gewährt wird. Gesetzliche Grundlage für den RTI-Ansatz legte die Unterzeichnung des „Individuals with Disabilities Education Improvement Act" (IDEA) im Jahre 2003. Das überarbeitete Gesetz (IDEA, 2004) ermöglichte Praktikern, eine neue, alternative Methode zur Identifikation von Kindern mit Schwierigkeiten im Lernen (learning disabilities – LD) zu nutzen. Mit dem RTI-Ansatz ist eine Strategie der „Voridentifikation" sowie frühen Hilfen verbunden, im Gegensatz zum bis dahin in den USA angewendeten Diskrepanzmodell laut ICD-10 (Abwarten, bis eine deutliche Diskrepanz zwischen Intelligenzquotient und schulischer Leistung besteht = wait to fail). Inzwischen ist die Entwicklung des RTI Präventionsmodells in den USA so weit vorangeschritten, dass der RTI-Ansatz flächendeckend etabliert wird.

Response to Intervention (RTI) ist ein Mehrebenenpräventionsansatz. Als systematisch aufgebaute, datenbasierte Methode zielt der RTI-Ansatz auf die Erfassung, Identifikation und Beurteilung von Lernschwierigkeiten bei Kindern ab. Auf der Grundlage ermittelter Ergebnisse (Testergebnisse, Unterrichtsbeobachtung, Teambesprechungen) werden Kinder in einem zwei- bis vierstufigen, flexiblen System mittels evidenzbasierter Maßnahmen gefördert (s. Kapitel 2 und 3). Als Präventionskonzept zielt es darauf ab, durch bestbewährte Fördermaßnahmen den Lernerfolg der Kinder zu sichern, Lernlücken frühzeitig zu erkennen und zu schließen. Innerhalb der Arbeit nach dem RTI-Ansatz findet bereits bei ersten validen Anzeichen für Entwicklungsstörungen oder Schulschwierigkeiten Förderung statt – also Förderung von Anfang an. Es wird nicht gewartet, bis „das Kind im Brunnen liegt" (wait to fail-Ansatz). Ebenso wenig erfolgt eine frühzeitige Kategorisierung im Sinne der Feststellung einer LRS, Rechenschwäche oder Lernbehinderung. Die Förderung nach dem RTI-Ansatz in der allgemeinen Schule wird in Kooperation der Regelschullehrer, Spezialisten (z. B. Leseberater) und Sonderpädagogen bei entsprechendem Förderbedarf schrittweise intensiviert und optimiert. Scheitern präventive Hilfen, wird das Kind anschließend zieldifferent integrativ beschult. Der RTI-Ansatz ermöglicht es somit, dass Kinder mit sehr unterschiedlichen Leistungsprofilen gemeinsam in einer Klasse lernen können. Lehrern bietet es u. a.:

- ein valides System zur objektiven Leistungsbeurteilung der Kinder,
- ein Angebot evidenzbasierter Fördermaßnahmen,
- eine verlässliche Basis: zur Reflexion von Unterrichts- und Fördergestaltung sowie
- von Beratung und Teamarbeit.

Zur Überprüfung, ob Kinder auf die angebotene Förderung ansprechen, also ob sie Responder oder Nichtresponder sind, werden innerhalb des RTI-Ansatzes curriculumbasierte Kurztests eingesetzt (s. o.). Folgendes ist zu betonen: Die CBM sind kleine Lernerfolgskontrollen. Sie beanspruchen in der Regel 1–2 Minuten und sind je nach Zielstellung so konzipiert, dass sie zum einen ganz bestimmte Fertigkeiten, wie z. B. Buchstaben- oder Zahlenkenntnisse abprüfen oder andererseits auch generelle Fähigkeiten, wie z. B. Lesekompetenz oder Rechenfähigkeiten, erfassen. CBM müssen diagnostischen Gütekriterien genügen, um das mit ihnen verfolgte Ziel, die Lernfortschrittsdokumentation mittels eines Entwicklungsgraphen, zu erreichen (s. o.). Anhand einer Lernverkaufskurve wird für den Lehrer und auch den Schüler Lernerfolg oder -stagnation ersichtlich. Es wird deutlich, ob die gewählte Intervention für den Schüler förderlich war. Zudem dient die Datenanalyse ggf. als ein Entscheidungselement für den Wechsel zwischen den Förderebenen.

Kasten 6: Die zentralen Begriffe im RTI-Präventionsmodell: RTI, Mehrebenenprävention, EBP, CBM

RTI (response to intervention): Strukturierendes Konzept einer drei- bzw. vierstufigen Förderung, das diagnostische Verfahren und Interventionen zugunsten von Leistungssteigerungen von Schülern und zur Vermeidung von sonderpädagogischem Förderbedarf integriert, wobei bei einem messbar ausbleibenden Fördererfolg Veränderungen in der Förderung vorgenommen werden.

Mehrebenenprävention: Innerhalb des RTI-Ansatzes findet Prävention auf mehreren Ebenen statt. Die zusätzliche Förderung auf der nächst höheren Ebene ist gekennzeichnet durch Intensivierung und Optimierung. Das Mehrebenenpräventionskonzept ist dynamisch, d. h., ein Wechsel von einer Ebene zur nächsten und zurück ist grundsätzlich beabsichtigt. Wann ein Schüler in eine neue Ebene wechselt, wird im Team besprochen und hängt von den Ergebnissen der Lernstandsanalysen (CBM), weiterer Testungen (Benchmarks), Leistungskontrollen im Unterricht (Kurzkontrollen, Klassenarbeiten) und den Unterrichtbeobachtungen ab.

EBP (evidence based practice): Verwendung von Lehr- und Lernmethoden, Unterrichtsmaterialien und Trainingsprogrammen, die möglichst weitgehend evidenzbasiert sind, d. h., durch empirische Forschungsergebnisse wurde nachgewiesen, dass postulierte Effekte bei der Anwendung tatsächlich eintreten bzw. der zugrunde liegende Ansatz empirisch als bewährt gilt.

CBM (curriculum-based measurements): kleinschrittige Lernstandsanalysen, die auf eine unzureichende Lern- und Leistungsentwicklung sehr zeitnah aufmerksam machen, so dass das jeweilige Kind eine passende Förderung erhalten kann.

Was bedeutet RTI, verstanden als Präventionsmodell?

Das RTI-Präventionsmodell umfasst die systematische Dokumentation von Schülerleistungen mit validen Messverfahren, ein abgestuftes Fördersystem auf mehreren Ebenen, evidenzbasierte Interventionen und die Zusammenarbeit von Regel- und Sonderpädagogen. Die zentralen Begriffe des RTI-Präventionsmodells werden in Kasten 6 zusammenfassend dargestellt.

Dem Konzept der Mehrebenenprävention liegt die Logik zugrunde, dass durch Screenings und regelmäßige Lernfortschrittsmessungen sowohl die Notwendigkeit als auch ein Modifikationsbedarf fördernder Maßnahmen frühzeitig erkannt werden. Die Schulleistung und die Entwicklung von Kindern soll durch den Einsatz von evidenzbasierten Interventionen zeitnah optimal gefördert und damit weiteren negativen Folgen (Demotivation, negatives Selbstbild, Verhaltensauffälligkeiten) entgegen gewirkt werden. Zeigt sich, durch die mit einem Screening oder einer formativen Evaluation (meist CBM, Benchmark) ermittelten Ergebnisse, dass die Förderung auf der gegenwärtigen Förderebene nicht ausreicht, erfolgt eine veränderte Förderung auf der nächst höheren Förderebene (Abbildung 14).

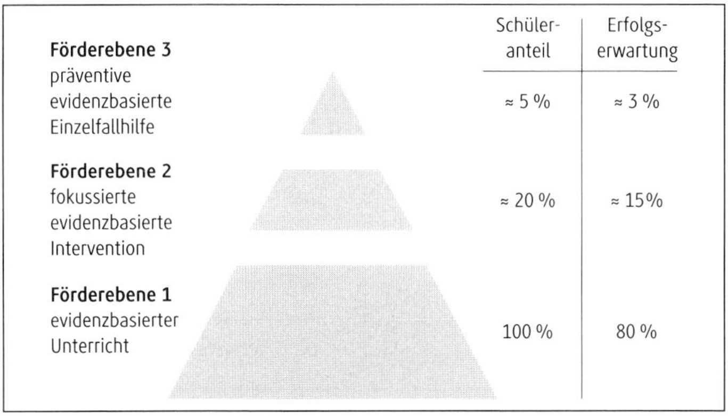

		Schüleranteil	Erfolgserwartung
Förderebene 3 präventive evidenzbasierte Einzelfallhilfe		≈ 5 %	≈ 3 %
Förderebene 2 fokussierte evidenzbasierte Intervention		≈ 20 %	≈ 15 %
Förderebene 1 evidenzbasierter Unterricht		100 %	80 %

Abbildung 14: RTI-Pyramide – Mehrebenenprävention auf drei Ebenen

Auf der **Förderebene I** (evidenzbasierter Unterricht) werden alle Kinder beschult. Für zumindest 80 % aller Kinder ist erfahrungsgemäß bereits dieser Unterricht ausreichend, um erfolgreich lernen zu können.

Verantwortlich ist der Grundschullehrer. Der Sonderpädagoge berät hinsichtlich spezifischer Maßnahmen, z. B., sprachheilpädagogisch förderlicher Unterrichtsanteile. Die Kinder werden vierwöchentlich in den Bereichen Deutsch und Mathematik einer kurzen Leistungsmessung mittels CBM unterzogen. Somit können Lernentwicklungen zu bestimmten Fähigkeiten überwacht werden und ihnen kann ggf. durch Differenzierungsmaßnahmen im Unterricht begegnet werden.

Die curriculumbasierten Messungen dienen der Dokumentation des Lernfortschritts der Kinder und der Indikation der ggf. zeitnah einsetzenden Interventionen, falls Schulleistungs- und Entwicklungsprobleme auftreten (kein *wait to fail* wie unter Anwendung der Diskrepanzdefinition). Dies ist besonders im Eingangsbereich wichtig, denn persistierende Schulprobleme und Lernrückstände haben sich bedauerlicherweise meistens schon im Anfangsbereich ergeben.

Die Ergebnisse der regelmäßigen Leistungsüberprüfungen werden auf einem Graphen abgebildet, welcher für Lehrer, Eltern und auch für die Schüler zur Reflektion der Leistungsentwicklung genutzt werden kann (Abbildung 15).

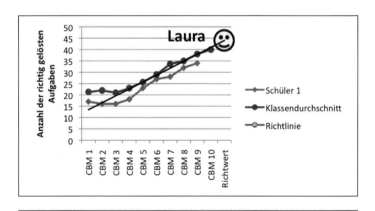

Abbildung 15: Beispiel für CBM-Graph

Auf der **Förderebene II** (fokussierte Intervention) werden die 20 % der Schüler gefördert, die bei der Eingangsdiagnostik oder später im Unterricht bei der Bearbeitung von CBM durch schwache Leistungen auffallen. Die unterrichtsintegrierte Förderung auf Ebene I erweist sich also für diese Schüler als nicht ausreichend. Fokussierte Interventionen unterstützen und ergänzen den Regelunterricht. Hier kommen Unterrichtsmaterialien zum Einsatz, welche didaktisch und methodisch zu den auf Förderebene I verwendeten Materialien passen, so dass die Kinder sich nicht an neue Aufgabenformate oder Visualisierungen gewöhnen müssen. Die Schüler werden genau in dem Bereich gefördert, der ihnen noch Probleme bereitet. Die jeweiligen Förderkurse werden für vier bis sechs Schüler für zehn bis zwölf Wochen geplant. Verantwortlich ist auch hier der Grundschulpädagoge. Erweist sich ein Kind auf dieser Ebene als responsiv, reagiert es also in angemessener Weise auf die Fördermaßnahmen und zeigt angemessene Leistungen oder Entwicklungsfortschritte, braucht es keine weiteren Fördermaßnahmen und nimmt wieder ausschließlich am regulären Unterricht auf Ebene I teil. Zeigt sich, dass der Schüler auf die Förderung anspricht, aber der Lernfortschritt noch nicht anschlussfähig an den Klassendurchschnitt ist, kann die Förderphase mit derselben Intervention um weitere zehn bis zwölf Wochen verlängert werden. Bei einem Schüler, der auf der Ebene II nicht responsiv auf die Förderung reagiert, schließt sich eine modifizierte intensive Förderung auf Ebene III an.

Auf der **Förderebene III** (präventive evidenzbasierte Einzelfallhilfe) diagnostiziert der Sonderpädagoge die pädagogische Situation des Kindes, sofern es keinen Lernfortschritt auf der Förderebene II zeigt. In kooperativen Fallbesprechungen werden die Diagnostikergebnisse dargestellt und analysiert, Ansatzpunkte für die Förderung bestimmt und der Förderplan des Kindes weiter ausgearbeitet. Die präventive evidenzbasierte Einzelfallhilfe ist für Schüler vorgesehen, die trotz optimierter Bedingungen in der Klasse und im Förderunterricht keine ausreichenden Lernfortschritte zeigen. Hauptverantwortlich für die Einzelfallhilfe ist der Sonderpädagoge, aber immer in Absprache mit dem Grundschulpädagogen. In der präventiven individuellen Einzelfallhilfe wird das Kind nicht mehr vorwiegend in den Lernbereichen Deutsch und Mathematik gefördert, sondern es findet in Abhängigkeit vom festgestellten individuellen Förderbedarf eine mehrere Bereiche umfassende individuelle Förderung statt. Die hier verwendeten Verfahren sind soweit möglich evidenzbasiert und werden spezifisch evaluiert, d. h., es wird erhoben, ob und wie die Umsetzung des Förderplans beim jeweiligen Kind gewirkt hat. Die Förderung fokussiert auf Lernvoraussetzungen

Kasten 7: Überblick zu Merkmalen der Förderebenen im RTI-Präventionskonzept

---

Ebene I: Exzellenter evidenzbasierter Unterricht (Klasse)
- optimierte Klassen- und Kleingruppeninstruktionen sowie Binnendifferenzierung durch Regelschullehrer,
- kooperative Lernaktivitäten in den Klassen,
- Diagnostik in Kooperation und mit Unterstützung anderer Mitglieder des Schulsystems.

Ebene II: Fokussierte Intervention (Kleingruppe)
- evidenzbasierte Strategien und Methoden, die auf noch nicht beherrschte curriculare Lernziele fokussieren,
- Durchführung: Regelpädagoge oder (Lese-) Spezialisten im regelpädagogischen Kontext (auch in Kooperation mit dem Sonderpädagogen),
- Zusammenarbeit zwischen allgemeiner und spezieller Schulpädagogik,
- intensive Förderung – mehrere wöchentliche Interventionseinheiten von 30 bis 45 Minuten über 10–15 Wochen,
- Kleingruppen (1:3 bis 1:5), auch Einzelintervention,
- klassen-/unterrichtsintegriert und/oder außerhalb der Klasse,
- erweist sich ein Kind auf dieser Ebene als responsiv, wird es in den allgemeinen Unterricht „entlassen" (1. Ebene),
- erweist es sich als nicht responsiv, kann eine zweite Runde an fokussierten Interventionen erfolgen oder es wird auf der 3. RTI-Ebene gefördert.

Ebene III: Spezielle Intervention (Einzelförderung)
- liegen im Verantwortungsbereich von Sonderpädagogen,
- dauern in der Regel länger als fokussierte Interventionen,
- sollten evidenzbasiert, stark individualisiert und intensiv sein,
- fokussieren auf Lernvoraussetzungen und -bereiche, in denen die Kinder individuelle Defizite zeigen (z. B. Aufmerksamkeit und Lesen),
- bei positiver Resonanz und Erreichen der vorgegebenen Lernziele ihrer Klassenstufe werden die Kinder in den regulären Unterricht „entlassen" (1. Ebene),
- bei anschließend nicht responsivem Leistungsverhalten/Verhalten auf der 1. Ebene erneute fokussierte Interventionen (2. Ebene),
- für Kinder mit unbefriedigenden Fortschritten auf der tertiären RTI Ebene werden sonderpädagogische Maßnahmen zu einer längerfristigen Option (mainstreaming – Integration – Inklusion).

und -bereiche, in denen die Kinder individuelle Defizite zeigen (z. B. Vorläuferfähigkeiten, Aufmerksamkeit, Sozialverhalten, Aussprache, Wortschatz). Bei positiver Resonanz und dem Erreichen der vorgegebenen Lernziele der jeweiligen Klassenstufe, mittels CBM ermittelt, nehmen die Kinder wieder am Unterricht auf Förderebene I und evtl. an der Förderung auf Ebene II teil. Zeigt ein Kind nicht den erwarteten Lernerfolg trotz längerer intensiver Einzelfallförderung, bleibt es Schülerin oder Schüler des Klassenverbandes und wird zieldifferent unterrichtet. Der Regelschulpädagoge wird in dieser Arbeit vom Sonderschulpädagogen oder einem Spezialisten (Lesebegleiter, LRS-Lehrer etc.) unterstützt. Nur in seltenen Fällen kommt es zu einer Rückstufung oder zeitweiligen separaten Beschulung einzelner Kinder. Im Kasten 7 werden die wesentlichen Merkmale der drei Förderebenen in Anlehnung an Hartmann (2008) in Stichpunkten zusammengefasst.

5.4 Wie sieht die Arbeit nach dem RTI-Konzept konkret aus?

Zunächst wird das diagnostische Vorgehen im Rügener Inklusionsmodell vorgestellt. Im Anschluss daran werden die Förderelemente der drei Präventionsebenen genauer betrachtet.

Im Rügener Inklusionsmodell werden alle Kinder der Klasse 1 (Förderebene I) nach ca. drei bis fünf Schulwochen mit dem Münsteraner Screening (MÜSC, Mannhaupt 2006) untersucht. Mit dem MÜSC werden die Vorausläuferfähigkeiten für den Schriftspracherwerb geprüft. Dazu zählen die phonologische Bewusstheit, die Kapazität des Kurzzeitgedächtnisses (Arbeitsspeicher), die Abrufgeschwindigkeit aus dem Langzeitgedächtnis sowie die visuelle Wahrnehmungsfähigkeit. Kinder mit mehr als zwei Risikobereichen im MÜSC benötigen zusätzliche Unterstützung im Unterricht durch den Klassenlehrer, um das nötige Fundament zum Lesen- und Schreibenlernen zu sichern. Zudem werden die curriculumbasierten Messungen (CBM) monatlich mit allen Kindern der Klasse durchgeführt. Für die Zeit bis zum Schulhalbjahr wird ein CBM zum lauten Silbenlesen und ein CBM zum lauten Wörterlesen mit wenigen ausgewählten Buchstaben und Buchstabenverbindungen entsprechend den Schwierigkeitsstufen 1 und 2 des Kieler Leseaufbaus (Dummer-Smoch & Hackethal, 2007) eingesetzt. Für beide Verfahren liegen valide Parallelversionen für insgesamt acht Messungen vor. Abbildung 16 zeigt exemplarisch einen Ausschnitt des CBM „Wortlesen Niveaustufe 1". Mit dem CBM Wortlesen wird die Lesefertigkeit über die Lesegeschwindigkeit und die Lesegenauigkeit gemessen. Es werden alle Wörter gezählt, die die Kinder innerhalb von einer Minute korrekt gelesen haben.

Name: _____ Kodierung: _____				
CBM 1. Niveaustufe, Wörter (Quatsch- und Inhaltswörter) lesen, M – L – S – R plus Vokal				
Einzeltest				1
Ma ma	Mo ma	Mi mi	Mi ma	Ma mo
Sa mi	So ma	Se ma	Si ma	Su si
Ra ra	Ro ra	Ri ro	Ri ra	Ra ro
Ma ma	Mo ma	Mi mi	Mi ma	Ma mo
La ra	Lu li	Li mi	La ma	Lo mi
Sa ra	Su si	La ra	Ma ma	Ro mi
La ra	Lu li	Li mi	La ma	Lo mi
Sa mi	So ma	Se ma	Si ma	Su si
Sa so	Su si	Se sa	Si sa	Su sa
Ma si	Mo sa	Me sa	Mi sa	Mu sa
Sa so	Si sa	Su si	Su sa	Se sa

Abbildung 16: Exemplarischer Ausschnitt CBM „Wortlesen Niveaustufe 1" (Diehl, unveröffentlicht)

Für das zweite Halbjahr wurden erneut CBM zum lauten Silben- und Wörterlesen mit entsprechenden Parallelversionen eingesetzt. Diese enthalten weitere neu eingeführte Buchstaben und komplexer werdende Wortstrukturen analog dem Kieler Leseaufbau. Die genannten Messungen werden von der Grundschullehrkraft durchgeführt. Am Ende des ersten und des zweiten Schulhalbjahres wird mit allen Kindern die *Eine-Minute-Lese-Aufgabe* (Diehl & Hartke, 2012) als Benchmark durchgeführt. Mit diesem zeitökonomischen Individualtest werden Kinder mit Schwierigkeiten im Leseerwerbsprozess über die Lesegeschwindigkeit anhand der Anzahl richtig gelesener Wörter über die Zeit identifiziert. Kinder mit einem Prozentrang < 25 in der *Eine-Minute-Lese-Aufgabe* werden nachfolgend mit dem IEL-1 Gesamttest (Diehl & Hartke, 2012) detaillierter auf bestimmte Teilfertigkeiten im Leselernprozess geprüft. Die Subskalen des IEL-1 prüfen Fähigkeiten der phonologischen Bewusstheit, der Buchstabenkenntnis, der Analyse und Synthesefähigkeit auf Silben-, Wort-, Satz- und Textebene. Über eine Profildarstellung lassen sich Stärken und Schwächen der Schüler in den einzelnen Teilfertigkeiten darstellen. Zudem lässt sich über die wiederholenden Messungen (insgesamt liegen Normierungswerte zu drei Messzeitpunkten mit dem IEL-1 vor) der Lernfortschritt in der generellen Lesekompetenz wie auch in einzelnen Teilfertigkeiten grafisch dokumentieren. Auf der Förderebene II und III kommen die gleichen CBM wie auf der Förderebene I zum Einsatz, allerdings werden sie hier in wesentlich kürzeren Abständen (wöchentlich) durchgeführt. Somit erhält die Lehrkraft eine sehr zeitnahe Rückmeldung auf die geleistete Förderung. Hauptverantwortlich für die Förderebene II ist die Grundschullehrkraft, wobei sie in Rücksprache mit dem Sonderpädagogen steht. Reagiert eine Schülerin oder ein Schüler nach durchschnittlich zwölf Wochen (auch wiederholend) auf der Förderebene II nicht auf die angebotenen Fördermaßnahmen (Nonresponder), wird auf der Förderebene III durch den Sonderpädagogen diagnostisch abgeklärt, worin die Ursachen für das Nichtreagieren des Schülers auf die Fördermaßnahmen liegen können. Die Förderebenenzuweisung basiert auf einer Triangulation von Daten (Screening, CBM und Arbeitsproben). Ob ein Schüler auf einer nächst höheren Förderebene gefördert werden soll, ist nicht ausschließlich eine Frage von Messergebnissen, die Entscheidung basiert auch auf Erkenntnissen aus Beobachtungen und dem Erfahrungsaustausch (Fallbesprechungen) der Grund- und Sonderschullehrer.

In der RTI Pyramide (Abbildung 17) für den Bereich Deutsch sind die drei Präventionsebenen, die Hauptmaterialien, die auf Rügen zum Einsatz kommen, und die jeweiligen Zuständigkeiten abgebildet.

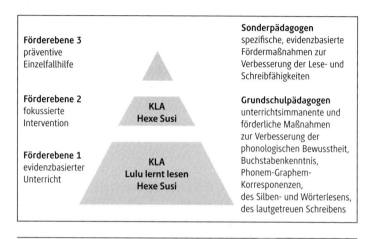

Abbildung 17: RTI-Pyramide für den Bereich Deutsch

Die Kinder im Rügener Inklusionsmodell lernen auf der Förderebene I das Lesen und Schreiben mit dem Kieler Leseaufbau (Dummer-Smoch & Hackethal, 2007) und dem darauf abgestimmten Leselehrgang „Lulu lernt lesen". (Tolkmitt, 2005). Der Kieler Leseaufbau (KLA), ein sehr strukturiertes Interventionsprogramm, folgt dem Prinzip der Vermeidung von Schwierigkeiten im Erwerbsprozess (s. Kapitel 4.3). Zum KLA gehören eine Vielzahl von Übungs- und Spielmaterialien. Der KLA berücksichtigt Erkenntnisse der Schriftspracherwerbsforschung, wie z.B. die phonologische Bewusstheit als Vorausläufer- und Begleitfähigkeit für den Schriftspracherwerb, die Bedeutung der Silbe und Zusammenhänge zwischen dem Schrift- und Lautspracherwerb. Die Graphem-Phonem-Zuordnungen werden mit den Lautgebärden des KLA (Unterstützung der phonematischen und der visuellen Wahrnehmungsfähigkeit) gelernt. Zur Förderung der phonologischen Bewusstheit wird im Klassenunterricht das Förderprogramm „Leichter lesen und schreiben lernen mit der Hexe Susi" (Forster & Martschinke, 2008) eingesetzt (s. Kapitel 4.3).

Auf den Förderebenen II und III kommen zu den genannten Unterrichtsmaterialien und dem Förderlehrgang „Leichter lesen und schreiben lernen mit der Hexe Susi" (Forster & Martschinke, 2008) die Übungs- und Spielmaterialien des Kieler Leseaufbaus (Dummer-Smoch & Hackethal, 2007), wie z. B. der Silbenteppich, der neue Karolus, die Wörterkartei und die Spielekartei hinzu. In den Förderebenen II und III wird der Einsatz bekannter Fördermaßnahmen, wie z. B. auch der Einsatz der Lautgebärden, intensiviert und optimiert. Dazu nutzen die Lehrkräfte neben den genannten Materialien weitere praktisch bewährte Maßnahmen und Materialien, sofern diese mit den Schwierigkeitsstufen des KLA kompatibel sind.

Konzeptionell werden im Rügener Inklusionsmodell die Entwicklungsbereiche Lernen, Sprache sowie emotionale und soziale Entwicklung berücksichtigt. Vergleichbare Informationen, wie sie hier für den Lernbereich Schriftspracherwerb vorliegen, finden sich für die genannten Lern- bzw. Entwicklungsbereiche Mathematik, Sprache sowie emotionale und soziale Entwicklung bei Mahlau, Diehl, Voß und Hartke (2011). Ergänzend folgen an dieser Stelle Ausführungen zur Förderung von Kindern mit intellektuellen Beeinträchtigungen innerhalb des Rügener Inklusionsmodells.

Aufgrund der strukturellen Gleichheit der Förderung von Kindern mit zumindest durchschnittlichen und unterdurchschnittlichen Leistungen in Intelligenztests im Lesen und im Rechnen bekommen Kinder mit intellektuellen Leistungsrückständen innerhalb des Rügener Inklusionsmodells die gleiche Förderung wie andere leistungsschwache Leser bzw. Rechner auch. Weisen Kinder mit intellektuellen Beeinträchtigungen sprachliche oder emotional soziale Entwicklungsschwierigkeiten auf, werden sie genauso wie andere Schülerinnen und Schüler mit Schwierigkeiten in diesen Bereichen wie bereits beschrieben auf mehreren Ebenen mit evidenzbasierten Methoden spezifisch gefördert.

Innerhalb der Eingangsdiagnostik werden alle Kinder neben dem MÜSC, mit dem Messverfahren Kalkulie (Gerlach, Fritz, Ricken & Schmidt, 2007), dem MSVK (Elben & Lohaus, 2000) und dem Sprachentwicklungsscreening (Mahlau, 2011) sowie einem Intelligenztest, dem CFT 1 (Weiß & Osterland, 1991), überprüft. Schüler mit einem IQ < 85 werden auf der Förderebene III mit dem Denktraining von Klauer in der Form „Keiner ist so schlau wie ich" trainiert (Marx & Klauer, 2007; Marx & Klauer, 2009; Strathmann & Jakubowski, 2011). Diese Aufgabe liegt in der Verantwortung der Sonderpädagogen. In dem Trainingsprogramm geht es um die Vermittlung induktiven Denkens, das in der Schule und im Alltag sowie in vielen Bereichen der kindlichen Entwicklung eine zentrale Rolle spielt. „Keiner ist so schlau wie ich I" bzw. „Keiner ist so schlau wie ich II" ist für Kinder ab vier Jahren geeignet. Ein Trainingsheft, das 60 Aufgaben umfasst, wird als Arbeitsmaterial eingesetzt. Die Lehrkräfte können ohne lange Einarbeitung direkt mit den Kindern arbeiten. In zehn Lektionen wird jede der sechs Möglichkeiten, induktiv zu denken, systematisch eingeübt. Denktrainings nach Klauer fördern nachweislich die geistigen und sprachlichen Fähigkeiten von Kindern. Die Förderung von Intelligenz und der Transfer auf schulisches Lernen wurde mittlerweile in 84 unabhängigen Evaluationsstudien nachgewiesen. In den Studien ergaben sich deutliche praxisrelevante und nachhaltige Effekte (Strathmann & Jakubowski, 2011). Sollten Schüler trotz der dargestellten umfassenden Förderung in mehreren Bereichen umfassende Lernrückstände entwickeln, würde dies durch die vorhandenen Monitoringverfahren frühzeitig erkannt werden und eine umfassende Förderung auf der Förderebene III einsetzen. Hier findet dann eine einzelfallbezogene Diagnostik der Bedingungen der Schulleistungsprobleme statt. Es wird ein Förderplan für das Kind ausgearbeitet, der weitere, bisher nicht berücksichtigte notwendige Förderelemente umfasst (z. B. feinmotorische Förderung, Familienhilfe, unterrichtsintegrierte Aufmerksamkeitsförderung). Sollten trotz angemessener präventiver Förderung deutliche Fördereffekte ausbleiben, wird das Kind mithilfe individueller Erziehungspläne weiterhin innerhalb seiner Klassengemeinschaft unterrichtet.

Mit dem Rügener Inklusionsmodell wurde in Anlehnung an den Response to Intervention-Ansatz ein Konzept entwickelt, welches Lern- und Entwicklungsschwächen präventiv beggenet. Vornehmlich am Beispiel des Schriftspracherwerbs wurde ausgehend von generellen Fragen schulischer Prävention über die kritische Reflexion von allgemeinen über spezifische präventive Maßnahmen letztlich ein klar umschriebenes Konzept vorgestellt, das positive Antworten für gelingende schulische Prävention liefert.

Literatur

Artelt, C., Schiefele, V., Schneider, W. & Stanat, P. (2002): Leseleistungen deutscher Schülerinnen und Schüler im internationalen Vergleich (PISA). Ergebnisse und Erklärungsansätze. *Zeitschrift für Erziehungswissenschaft, 5,* 6–27

Aspy, D., Roebuck, F. & Aspy, C. B. (1984): Tomorrow's ressources are in today's classroom. *The Personnel and Guidance Journal, April 1984,* 455–464

Aster von, M., Schweiler, M. & Weinhold-Zulauf, M. (2007): Rechenstörungen bei Kindern: Vorläufer, Prävalenz und psychische Symptome. *Zeitschrift für Entwicklungspsychologie und Pädagogische Psychologie, 39,* 85–96

Baumert, J., Klieme, E., Neubrand, M., Prenzel, M., Schiefele, U., Schneider, W., Stanat, P., Tillmann, K.-J. & Weiß, M. (2001): *PISA 2000: Basiskompetenzen von Schülerinnen und Schülern im internationalen Vergleich.* Opladen: Leske + Budrich

Becker, P. (1980): Prävention von Verhaltensstörungen und Förderung der psychischen Gesundheit. In: Wittling, W. (Hrsg.), *Handbuch der klinischen Psychologie Bd. 2. Psychotherapeutische Interventionsmethoden,* 47–77. Hamburg: Hoffmann und Campe

Blachmann, B. A., Tangel, D. M., Ball, E. W., Black, R. & McGraw, C. K. (1999): Developing phonological awareness and word recognition skills: A two-year intervention with low-income, inner-city children. *Reading and Writing: An Interdisciplinary Journal, 11,* 239–273

Bless, G. (2000): Lernbehinderungen. In: Borchert, J. (Hrsg.), *Handbuch der Sonderpädagogischen Psychologie,* 440–453. Göttingen: Hogrefe

Bless, G., Schüpbach, M. & Bonvin, P. (2005): Klassenwiederholung. Empirische Untersuchung zum Repetitionsentscheid und zu den Auswirkungen auf die Lernentwicklung sowie auf soziale und emotionale Faktoren. *Vierteljahreszeitschrift für Heilpädagogik und ihre Nachbargebiete, 74 (4),* 297–311

Bless, G., Mohr, K. (2007): Die Effekte von Sonderunterricht und gemeinsamem Unterricht auf die Entwicklung von Kindern mit Lernbehinderungen. In: Walter, J. & Wember, F. B. (Hrsg.), *Sonderpädagogik des Lernens. Bd 2. Handbuch Sonderpädagogik,* 375–383. Göttingen: Hogrefe

Boekaerts, M. & Corno, L. (2005): Self-regulation in the classroom: A perspective on assessment and intervention. *Applied Psychology, 54,* 199–231

Literatur

Borchert, J. (1995): Innerschulisches Lehrertraining mit Sonderpädagogen in Förderschulen. Zur Effektivität verbaler und videogestützter Rückmeldungen. In: Langfeldt, H. P. & Lutz, R. (Hrsg.), *Sein, Sollen und Handeln. Beiträge zur Pädagogischen Psychologie und ihren Grundlagen*, 273–289. Göttingen: Hogrefe

Borchert, J. (1996): *Pädagogisch-therapeutische Interventionen bei sonderpädagogischem Förderbedarf.* Göttingen: Hogrefe

Bradley, L. & Bryant, P. (1985): Rhyme and reason in reading and spelling. *International Academy for Research in Learning Disybilities Monographs No. 1.* Ann Arbor: University of Michigan Press

Brandenburger, N. & Klemenz, A. (2009): *Lese-Rechtschreib-Störungen Eine modellorientierte Diagnostik mit Therapieansatz.* München, Jena: Urban & Fischer

Brandtstädter, J. (1982a): Methodologische Grundfragen psychologischer Prävention. In: Brandtstädter, J. & Eye, A. v. (Hrsg.), *Psychologische Prävention. Grundlagen, Programme, Methoden*, 37–79. Bern: Huber

Brandtstädter, J. (1982b): Prävention von Lern- und Entwicklungsproblemen im schulischen Bereich. In: Brandtstädter, J. & Eye, A. v. (Hrsg.), *Psychologische Prävention. Grundlagen, Programme, Methoden*, 275–302. Bern: Huber

Brandtstädter, J. & v. Eye, A. (Hrsg.) (1982): *Psychologische Prävention. Grundlagen, Programme, Methoden.* Bern: Huber

Breitenbach, E., Weiland, K. (2010): *Förderung bei Lese-Rechtschreibschwäche.* Stuttgart: Kohlhammer

Bronfenbrenner, U. (1974): *Wie wirksam ist kompensatorische Erziehung?* Stuttgart: Klett

Caplan, G. (1964): *Principles of preventive psychiatry.* New York: Basic Books

Carroll, J.-B. (1963): A model of school learning. *Teacher College Record*, 64, 723–733

Cowen, E. L. (1980): The primary mental health projekt: Yesterday, today and tomorrow. *Journal of Special Education*, 14, 133–154

Cowen, E. L. (1984): A general structural model for primary prevention program development in mental health. *Personnel and Guidance Journal*, 4, 485–490

Deimler, W. & Schulte-Körne, G. (2006): *Modell Schriftsprachmoderatoren (MSM). Abschlussbericht der wissenschaftlichen Begleitung nach vier Jahren.* Online verfügbar unter http://www.kjp.med.uni-muenchen.de/download/MSM_Abschlussbericht.pdf. Zugriff am 16.01.2012

Deno, S. L. (1985): Curriculum-based measurement: The emerging alternative. *Exceptional Children, 52,* 219–232

Deno, S. L. (2003a): Curriculum-Based Measurement: Development and Perspectives. *Assessment for Effective Intervention, 28,* 3–11

Deno, S. L. (2003b): Developments in Curriculum-Based Measurement. *The Journal of Special Education, 37,* 184–192

Deno, S., Lembke, E. & Anderson, A. (2007): *Progress Monitoring Leadership Team Content Module.* Online verfügbar unter: http://www.education.umn.edu/EdPsych/Projects/cbmMODldrshp.pdf. Zugriff am 14.03.2012

Deutscher Bildungsrat (1970): *Strukturplan für das Bildungswesen.* Stuttgart: Klett

Deutscher Bildungsrat (Hrsg.) (1973): *Empfehlungen der Bildungskommission: Zur pädagogischen Förderung Behinderter und von Behinderung bedrohter Kinder und Jugendlicher.* Stuttgart: Klett

Deutsches Institut für Medizinische Dokumentation und Information (2011): *ICD-10-WHO Version 2011.* Online verfügbar unter: http://www.dimdi.de/static/de/klassi/diagnosen/icd10/htmlamtl2011/block-f80-f89.htm. Zugriff am 29.02.2012

Diehl, K. (2009): *Schriftspracherwerb und Lernfortschrittsdokumentation.* Saarbrücken: svh

Diehl, K. & Hartke, B. (2007): Curriculumnahe Lernfortschrittsmessungen. *Sonderpädagogik, 37,* 195–211

Diehl, K. & Hartke, B. (2012): *Inventar zur Erfassung der Lesekompetenzen. – IEL-1.* Göttingen: Hogrefe

Diehl, K., Mahlau, K., Voß, S. & Hartke, B. (2012): *Praxiskonzept – Lernen nachhaltig fördern. Das Rügener Inklusionsmodell präventive und integrative Grundschule.* Rostock: Universität

Dilling, H., Mombour, W. & Schmidt, M. H. (Hrsg.) (1991): *Internationale Klassifikation psychischer Störungen (ICD-10) Kapitel V (F). Klinisch-diagnostische Leitlinien.* Bern: Huber

Dummer-Smoch, L & Hackethal, R. (2007): *Der Kieler Leseaufbau.* (7. Auflage). Kiel: Veris Verlag

Ehri, L. C. (1995): Phases of development in learning to read by sight. *Journal of Research in Reading, 18,* 116–125

Elben, C. E./Lohaus, A. (2000): *Marburger Sprachverständnistest* (MSVK). Göttingen: Hogrefe

Literatur

Einsiedler, W. (1997): Unterrichtsqualität und Leistungsentwicklung. Literaturüberblick. In: Weinert, F.E., Helmke, A. (Hrsg.), *Entwicklung im Grundschulalter*, 225–240. Weinheim: Psychologie Verlags Union

Ellinger, S., Koch, K. & Schroeder, J. (2007): *Risikokinder in der Ganztagsschule: Ein Praxisbuch.* Kohlhammer: Stuttgart

Ellinger, S., Hoffart, E.-M. & Möhrlein, G. (2009, Hrsg.): *Ganztagsschule für traumatisierte Kinder und Jugendliche.* Oberhausen: Athena

Enders, M., Tewald, F., Zöllner, G., Stemmler, M. & Meyer, H. (2002): Die Pocken – ein Überblick. *Deutsche Medizinische Wochenschrift, 127,* 1195–1198

Faltermeier, T. (1999): Subjektorientierte Gesundheitsförderung: Zur Konzeption einer salutogenetischen Praxis. In: Röhrle, B., Sommer, G. (Hrsg.), *Prävention und Gesundheitsförderung – Fortschritte in der Gemeindepsychologie und Gesundheitsförderung, Band 4,* 27–52. Tübingen: DGVT

Fingerle, M. (2008): Einführung in die Entwicklungspsychopathologie. In: Gasteiger-Klicpera, B., Julius, H., Klicpera, C. (Hrsg.), *Handbuch der Pädagogik und Psychologie bei Behinderungen. Handbuch Sonderpädagogik, Bd. 3,* 65–80. Göttingen: Hogrefe

Forster, M. & Martschinke, S. (2008): *Leichter lesen und schreiben lernen mit der Hexe Susi.* Donauwörth: Auer

Franzkowiak, P. (2008): Prävention im Gesundheitswesen – Systematik, Ziele, Handlungsfelder und die Position der Sozialen Arbeit. In: Hensen, G. & Hensen, P. (Hrsg.), *Gesundheitswesen und Sozialstaat,* 192–219. Wiesbaden: VS

Frith, U. (1985): Beneath the Surface of Developmental Dyslexia. Are comparisons between developmental and acquired disorders meaningful? In: Patterson, K.E., Marshall, J.C. & Coltheart, M. (Hrsg.), *Surface Dyslexia. Neuropsychological and Cognitive Studies of Phonological Reading,* 301–330. Hillsdale, N.J.: Lawrence Erlbaum Associates

Fuchs, L.S. (2004): The Past, Present, and Future of Curriculum-Based Measurement Research, *School Psychology Review, 33,* 188–192

Fuchs, L.S., Fuchs, D. (1986): Effects of systematic formative evaluation: A meta-analysis. *Exceptional children, 53,* 199–208

Gasteiger-Klicpera & B., Klicpera C. (2004): Lese-Rechtschreibschwäche. In: Lauth, G.W., Grünke, M. & Brunstein, J.C. (Hrsg.), *Interventionen bei Lernstörungen: Förderung, Training und Therapie in der Praxis,* 46–54. Göttingen: Hogrefe

GG (2006): *Grundgesetz für die Bundesrepublik Deutschland.* Vom 23.5.1949 (BGBl. I S. 1) zuletzt geändert durch Gesetz 28.8.2006 (BGBl I S. 2034) m.W.v. 1.9.2006

Goetze, H. (1989a): Offenes Unterrichten bei Schülern mit Verhaltensstörungen. In: Goetze, H. & Neukäter, H. (Hrsg.), *Pädagogik bei Verhaltensstörungen. Handbuch der Sonderpädagogik, Bd. 6,* 569–584. Berlin: Edition Marhold

Goetze, H. (1989b): Die Bedeutung der humanistischen, personenzentrierten Psychologie für die Pädagogik bei Verhaltensstörungen. In: Goetze, H. & Neukäter, H. (Hrsg.), *Pädagogik bei Verhaltensstörungen. Handbuch der Sonderpädagogik, Bd. 6,* 765–792. Berlin: Edition Marhold

Goetze, H. (1991a): Regelschullehrer in Integrationsklassen mit verhaltensgestörten Schülern – eine Literaturübersicht. *Heilpädagogische Forschung, 17,* 80–87

Goetze, H. (1991b): Konzepte zur integrierten Unterrichtung von Schülern mit Verhaltensstörungen – dargestellt an Ergebnissen der amerikanischen Mainstreamingforschung. *Vierteljahreszeitschrift Heilpädagogik, 60,* 6–17

Goetze, H. (1991c): Ein Rahmenkonzept für Prävention bei Verhaltensstörungen. In: Neukäter, H. (Hrsg.), *Verhaltensstörungen verhindern. Prävention als pädagogische Aufgabe,* 35–43. Oldenburg: Zentrum für Pädagogische Berufspraxis

Goetze, H. (2001): *Grundriss der Verhaltensgestörtenpädagogik.* Berlin: Edition Marhold

Göppel, R. (1991): Der Präventionsgedanke in der Geschichte der Pädagogik und Heilpädagogik. In: Neukäter, H. (Hrsg.), *Prävention als pädagogische Aufgabe,* 24–34. Oldenburg: Zentrum für pädagogische Berufspraxis

Gordon, R. (1983): An Operational Classification of Disease Prevention. *Public Health Reports, 98,* 107–109.

Gordon, T. H. (1989): *Lehrer-Schüler-Konferenz. Wie man Konflikte in der Schule löst.* München: Heyne

Graney, S. B. & Shinn, M. R. (2005): Effects of reading Curriculum-Based Measurement (R-CBM) Teacher Feedback in General Education Classrooms. *School Psychology Review, 34,* 184–201

Grimm, T. (2011): Genetik der Legasthenie. In: *Sprache Stimme Gehör – Zeitschrift für Kommunikationsstörungen, 35 (2),* 91–97

Grube, D. (2005): Entwicklung des Rechnens im Grundschulalter. In: Hasselhorn, M., Marx, H. & Schneider, W. (Hrsg.), *Diagnostik von Mathematikleistungen,* 105–124. Göttingen: Hogrefe

Grünke, M. (2004): Lernbehinderung. In: Lauth, G. W., Grünke, M., Brunstein, J. C. (Hrsg.), *Interventionen bei Lernstörungen. Förderung, Training und Therapie in der Praxis,* 65–77. Göttingen: Hogrefe

Literatur

Grünke, M. (2006): Zur Effektivität von Fördermethoden bei Kindern und Jugendlichen mit Lernstörungen. Eine Synopse vorliegender Metaanalysen. *Kindheit und Entwicklung, 15 (4),* 239–254

Grünke, M., Wilbert, J. (2008): Offener Unterricht und Projektunterricht. In: Fingerle, M., Ellinger, S. (Hrsg.), *Sonderpädagogische Förderung: Förderkonzepte auf dem Prüfstand,* 13–33. Stuttgart: Kohlhammer

Grünke, M., Simon, H. (2010): *Förderung bei Rechenschwäche.* Stuttgart: Kohlhammer

Günther, K.-B. (1986): Ein Stufenmodell der Entwicklung kindlicher Lese- und Schreibstrategien. In: Brügelmann, H. (Hrsg.), *ABC und Schriftsprache: Rätsel für Kinder, Lehrer und Forscher,* 32–54. Konstanz: Faude

Hartke, B. (1998a): *Schulische Erziehungshilfe durch regionale sonderpädagogische Förderzentren in Schleswig-Holstein. Fachliche und geschichtliche Grundlagen – aktuelle Daten – Perspektiven.* Hamburg: Kovač

Hartke, B. (2000a): Lebenswelten junger Menschen mitgestalten – junge Persönlichkeiten stärken. In: Landesjugendamt Rheinland (Hrsg.), *Netze der Kooperation 3,* 15–37. Köln: Landschaftsverband Rheinland

Hartke, B. (2000b): Jugendhilfe und Schule – Probleme, Chancen und Ansatzpunkte für erfolgreiche Kooperation. *Zeitschrift für Heilpädagogik, 51,* 56–63

Hartke, B. (2000c): Unterricht mit behinderten Kindern und Jugendlichen – Unterrichtsformen. In: J. Borchert (Hrsg.), *Handbuch der Sonderpädagogischen Psychologie,* 364–380. Göttingen: Hogrefe

Hartke, B. (2001): *Zur Feststellung des sonderpädagogischen Förderbedarfs.* Kiel: Institut für Heilpädagogik

Hartke, B. (2003): Offener Unterricht bei besonderem Förderbedarf. In: Leonhardt, A. & Wember, F.B. (Hrsg.), *Grundfragen der Sonderpädagogik. Bildung, Erziehung, Behinderung,* 770–790. Weinheim: Beltz

Hartke, B. (2005): Schulische Prävention – welche Maßnahmen haben sich bewährt? In: Ellinger, S. & Wittrock, M. (Hrsg.), *Sonderpädagogik in der Regelschule. Konzepte, Forschung, Praxis,* 11–37. Stuttgart: Kohlhammer

Hartke, B. (2007): Formen offenen Unterrichts. In: Walter, J. & Wember, F.B. (Hrsg.), *Handbuch Pädagogik und Psychologie der Behinderten. Förderschwerpunkt Lernen,* 421–437. Göttingen: Hogrefe

Hartke, B. (2008): *Hypothetisches Modell zur Prädiktion von Schulleistungsrückständen im frühen Grundschulalter.* Unveröffentlichtes Arbeitspapier im Projekt Mecklenburger Längsschnittstudie, Institut für Sonderpädagogische Entwicklungsförderung und Rehabilitation. Universität Rostock

Hartke, B., Diehl, K., R. Vrban (2008): Planungshilfe zur schulischen Prävention – Früherkennung und Intervention bei Lern- und Verhaltensproblemen. In: Borchert, J., Hartke, B., Jogschies, P. (2008), *Frühe Förderung entwicklungsauffälliger Kinder und Jungendlicher*, 218–234. Stuttgart: Kohlhammer

Hartke, B., Vrban, R. (2008). *Schwierige Schüler – 49 Handlungsmöglichkeiten bei Verhaltensauffälligkeiten. Horneburg*: Persen

Hartmann, E. (2008): Konzeption und Diagnostik von schriftsprachlichen Lernstörungen im Response-to-Interevention-Modell: eine kritische Würdigung. *Vierteljahreszeitschrift für Heilpädagogik und ihre Nachbargebiete (VHN), 77,* 123–137

Hasselhorn, M., Marx, H. & Schneider, W. (2005): Diagnostik von Mathematikleistungen. *Jahrbuch der pädagogisch-psychologischen Diagnostik Band 4.* Göttingen: Hogrefe

Hasselhorn, M. & Schuchardt, K. (2006): Lernstörungen. Eine kritische Skizze zur Epidemiologie. *Kindheit und Entwicklung, 15,* 208–215

Hausotter, A. (2009): Inklusion im Kontext der europäischen Bildungsarbeit – Stand der aktuellen Projektarbeit der European Agency. In: Jerg, J., Merz-Atalik, K., Thummler, R., Tiemann, H. (Hrsg.), *Erfahrungen und Entwicklungsperspektiven im Kontext von Inklusion und Integration,* 109–116. Bad Heilbrunn: Klinkhardt

Heller, K. A. (1998): Schulleistungsprognosen. In: Oerter, R. & Montada, L. (Hrsg.), *Entwicklungspsychologie,* 983–989. Weinheim: Psychologie Verlags Union

Helmke, A. (2003): *Unterrichtsqualität erfassen, bewerten, verbessern.* Seelze: Kallmeyer

Helmke, A., Weinert, F. E. (1997): Bedingungsfaktoren schulischer Leistungen. In: Weinert, F. E. (Hrsg.), *Psychologie des Unterrichts und der Schule*, 71–176. (Enzyklopädie der Psychologie: Themenbereich D, Praxisgebiete: Serie 1, Pädagogische Psychologie, Bd. 3). Göttingen: Hogrefe

Hennemann, T., Hillenbrand, C. (2010): Klassenführung – Classroom Management. In: Hartke, B., Koch, K., Diehl, K. (Hrsg.), *Förderung in der schulischen Eingangsstufe,* 255–279. Stuttgart: Kohlhammer

Herriger, N. (1986): *Präventives Handeln und soziale Praxis. Konzepte zur Verhütung abweichenden Verhaltens bei Kindern und Jugendlichen.* München: Juventa

Hildeschmidt, A. (1998): Schulversagen. In: Oerter, R. & Montada, L. (Hrsg.), *Entwicklungspsychologie,* 991–1005. Weinheim: Psychologie Verlags Union

Literatur

Holtz, K.-L. (2000): Angst. In: Borchert, J. (Hrsg.), *Handbuch der Sonderpädagogischen Psychologie,* 771–782. Göttingen: Hogrefe

Holtz, K.-L. & Kretschmann, R. (1982): *Beurteilung und Beratung bei speziellen Auffälligkeiten: Angst.* Hagen: Fernuniversität

Huemer, S. M., Pointner, A. & Landerl, K. (2009): *Evidenzbasierte LRS-Förderung.* Online verfügbar unter http://www.schulpsychologie.at. Zugriff am 22.01.2012

Hurrelmann, K., Rixius, N. & Schirp, H. (1996): *Gegen Gewalt an Schulen. Ein Handbuch für Eltern und Schule.* Weinheim: Beltz

IDEA (2004): Online verfügbar unter: http://idea.ed.gov/explore/home. Zugriff am 14.03.2012

Jansen, H., Mannhaupt, G., Marx, H. & Skowronek, H. (1999): *Das Bielefelder Screening (BISC).* Göttingen: Hogrefe

Jugert, G. (1998): *Zur Effektivität pädagogischer Supervision. Eine Evaluationsstudie schulinterner Gruppen-Supervision mit Lehrern.* Frankfurt a. M.: Lang

Julius, H. & Goetze, H. (2000): Resilienz. In: Borchert, J. (Hrsg.), *Handbuch der Sonderpädagogischen Psychologie,* 294–304. Göttingen: Hogrefe

Kanter, G. O. (1970): Lernbehinderungen, Lernbehinderte, deren Erziehung und Rehabilitation. In: Deutscher Bildungsrat (Hrsg.), *Gutachten und Studien der Bildungskommission 34, Sonderpädagogik 3, Geistigbehinderte, Lernbehinderungen, Verfahren der Aufnahme,* 117–234. Klett: Stuttgart

Kanter, G. O. (2001): Lernbehinderung, Lernbehinderte, Lernbehindertenpädagogik. In: Antor, G. & Bleidick, U. (Hrsg.), *Handlexikon der Behindertenpädagogik,* 119–124. Stuttgart: Kohlhammer

Katzenbach, D., Olde, V., Rinck-Muhler, S. (2006): *Zwischenbericht zur Evaluation von Beratungs- und Förderzentren.* Frankfurt: Arbeitsstelle für Sonderpädagogische Schulentwicklung und Projektbegleitung

Kauffman, J. M. (1989): *Characteristics of Behavior Disorders of Children and Youth.* Columbus: Merrill

KJHG (zuletzt geändert 2011): *SGB VIII – Kinder- und Jugendhilfe.* Online verfügbar unter: www.gesetze-im-internet.de/bundesrecht/sgb_8/gesamt.pdf. Zugriff am 16.03.2012

Klauer, K. J. (2006): Erfassung des Lernfortschritts durch curriculum-basierte Messung. *Heilpädagogische Forschung, 32,* 16–26

Klauer, K. J. (2007): Förderung des Lernens durch Förderung des Denkens. In: Walter, J. & Wember, F. B. (Hrsg.), *Handbuch der Sonderpädagogik, Bd. 2: Sonderpädagogik des Lernens,* 293–303. Göttingen: Hogrefe

Klauer, K. J. & Lauth, G. W. (1997): Lernbehinderungen und Leistungsschwierigkeiten bei Schülern. In: Weinert, F. E. (Hrsg.), Psychologie des Unterrichts und der Schule. (Enzyklopädie der Psychologie: Themenbereich D, Praxisgebiete: Serie 1), 701–738. Göttingen: Hogrefe

Klein, G. (2008): Frühförderung für Kinder in prekären Lebenslagen. In: Borchert, J., Hartke, B. & Jogschies, P. (Hrsg.), *Frühe Förderung entwicklungsauffälliger Kinder und Jugendlicher*, 108–121. Stuttgart: Kohlhammer

Klicpera, C., Schabmann, A. & Gasteiger-Klicpera, B. (2003): *Legasthenie*. München: Ernst Reinhardt Verlag

Klicpera, C., Gräven, M. & Schabmann, A. (1993a): Die Entwicklung der Lese- und Rechtschreibfähigkeit bei sprachentwicklungsgestörten, leseschwachen und durchschnittlichen Schülern von der 1. bis zur 4. Klasse. *Sprache Stimme Gehör, 17*, 139–146

Klicpera, C., Gräven, M., Schabmann, A. & Gasteiger-Klicpera, B. (1993b): Wieweit haben sprachlich gestörte Kinder spezielle Probleme beim Lesen und Schreiben? Ein Vergleich mit guten und schwachen Lesern in der Grundschule sowie lernbehinderten Kindern. *Die Sprachheilarbeit, 38*, 231–244

Koschay, E. (2006): Signalgruppen – Bilden von Wörtern 1. In: Behrndt, S.-M., Hoffmann, H. (Hrsg.), *Kompendium Zum Abbau von Schwierigkeiten beim Lesen und beim Rechtschreiben. Heft 1: Förderansätze mit Beobachtungshinweisen auf den Lese-Entwicklungsstufen*. Rostock: Eigenverlag Greifswald

Kounin, J. S. (2006): *Techniken der Klassenführung. Standardwerke aus Psychologie und Pädagogik. Bd. 3*. Reprints. Münster: Wasemann

Korte, J. (1993): *Faustrecht auf dem Schulhof. Über den Umgang mit aggressivem Verhalten auf dem Schulhof*. Weinheim: Beltz

Krajewski, K. (2003): *Vorhersage von Rechenschwäche in der Grundschule*. Hamburg: Kovač

Krajewski, K. & Schneider, W. (2006): Mathematische Vorläuferfertigkeiten im Vorschulalter und ihre Vorhersagekraft für die Mathematikleistungen bis zum Ende der Grundschulzeit. *Psychologie in Erziehung und Unterricht, 53*, 246–262

Kretschmann, R. (2000): Präventionsmodelle in der Schule. In: Borchert, J. (Hrsg.), *Handbuch der sonderpädagogischen Psychologie*, 325–340. Göttingen: Hogrefe

Kretschmann, R. (2007): Lernschwierigkeiten, Lernstörungen und Lernbehinderungen. In: Walter, J., Wember, F. B. (Hrsg.), *Sonderpädagogik des Lernens. Handbuch Sonderpädagogik, Bd. 2*, 4–32. Göttingen: Hogrefe

Literatur

Kultusministerkonferenz (1994): *Empfehlungen zur sonderpädagogischen Förderung in den Schulen in der Bundesrepublik Deutschland.* Bonn: Sekretariat der ständigen Konferenz der Kultusminister der Länder in der Bundesrepublik Deutschland

Kultusministerkonferenz (2000): Empfehlungen zum Förderschwerpunkt Lernen: Beschluss der Kultusministerkonferenz von 01.10.1999. In: W. Drave, W., Rumpler, F., Wachtel, P. (Hrsg.), *Empfehlungen zur sonderpädagogischen Förderung. Allgemeine Grundlagen und Förderschwerpunkte (KMK) mit Kommentaren,* 299–315, Würzburg: Edition Bentheim

Küspert, P. & Schneider, W. (1999): *Hören, lauschen, lernen. Sprachspiele für Kinder im Vorschulalter. Würzburger Trainingsprogramm zur Vorbereitung auf den Erwerb der Schriftsprache.* Göttingen: Vandenhoek & Ruprecht

Laucht, M. (2003): Vulnerabilität und Resilienz. Ergebnisse der Mannheimer Längsschnittstudie. In: Brisch, H., & Hellbrügge, T. (Hrsg.), *Bindung und Trauma. Risiken und Schutzfaktoren für die Entwicklung von Kindern,* 34–52. Klett-Cotta: Stuttgart

Lauth, G. W. (2004): Allgemeine Lernschwäche (Kombinierte Schulleistungsstörung nach ICD 10). In: Lauth, G. W., Grünke, M. & Brunstein, J. C. (Hrsg.), *Interventionen bei Lernstörungen: Förderung, Training und Therapie in der Praxis,* 55–64. Göttingen: Hogrefe

Lazarus, R. S. & Launier, R. (1978): Stressbezogene Transaktionen zwischen Person und Umwelt. In: Nitsch, J. R. (Hrsg.), *Stress, Theorien, Ursachen, Maßnahmen,* 213–259. Bern: Huber

Lorenz, J. H. (2004): Rechenschwäche. In: Lauth, G. W., Grünke, M., Brunstein, J. C. (Hrsg.), *Interventionen bei Lernstörungen. Förderung, Training und Therapie in der Praxis,* 34–45. Göttinge: Hogrefe

Lundberg, I., Frost, J. & Petersen, O.-P. (1988): Effects of an extensive program for stimulating phonological awareness in preschool children. *Reading Research Quarterly, 23,* 263–284

Mackowiack, K. (2004): Vermittlung von Lernstrategien. In: Lauth, G. W., Grünke, M. & Brunstein, J. C., *Interventionen bei Lernstörungen: Förderung, Training und Therapie in der Praxis,* 145–158. Hogrefe: Göttingen

Mahlau, K., Diehl, K., Voß, S. & Hartke, B. (2011): Das Rügener Inklusionsmodell (RIM) – Konzeption einer inklusiven Grundschule. *Zeitschrift für Heilpädagogik, 62,* 464–472

Marx, E. & Klauer, K. J. (2009): *Keiner ist so schlau wie ich II. Ein Förderprogramm für Kinder.* Göttingen: Hogrefe

Marx, H. (1992): *Vorhersage von Lese-Rechtschreibschwierigkeiten in Theorie und Anwendung* (unveröff. Habilitationsschrift). Bielefeld: Universität Bielefeld, Fakultät für Psychologie und Sportwissenschaft

Mayer, A. (2011): *Blitzschnelle Worterkennung (BliWo). Grundlagen und Praxis.* Dortmund: Borgmann

Metz, D., Fröhlich, L. P. & Petermann, F. (2010): *Schulbasierte Förderung der phonologischen Bewusstheit und sprachlicher Kompetenzen. Das Lobo-Schulprogramm.* Göttingen: Hogrefe

Mörtl, G. (1989): *Der Präventionsaspekt in der Sonderpädagogik.* Frankfurt a. M.: Lang

Moser Opitz, E. (2007): *Rechenschwäche/Dyskalkulie. Theoretische Klärungen und empirische Studien an betroffenen Schülerinnen und Schülern.* Bern: Verlag Paul Haupt

Mutzeck, W. (1988): *Von der Absicht zum Handeln.* Weinheim: Deutscher Studienverlag

Mutzeck, W. (2008): *Kooperative Beratung. Grundlagen, Methoden, Training, Effektivität.* Weinheim: Beltz

Nußbeck, S. (2007): Evidenz-basierte Praxis – Ein Konzept für sonderpädagogisches Handeln? *Sonderpädagogik, 37 (2/3),* 146–155

Oerter, R. & Noam, G. (1999): Der konstruktivistische Ansatz. In: Oerter, R., Hagen, C. v., Röper, G. & Noam, G. (Hrsg.), *Klinische Entwicklungspsychologie,* 45–78. Weinheim: Beltz

Oerter, R., Schneewind, K. A. & Resch, F. (1999): Modelle der Klinischen Entwicklungspsychologie. In: Oerter, R., Hagen, C. v., Röper, G. & Noam, G. (Hrsg.), *Klinische Entwicklungspsychologie,* 79–118. Weinheim: Beltz

Olweus, D. (1996): *Gewalt in der Schule. Was Lehrer und Eltern wissen sollten – und tun können.* Bern: Huber

Pallasch, W., Mutzeck, W. & Reimers, H. (Hrsg.) (1996): *Beratung, Training, Supervision. Eine Bestandsaufnahme über Konzepte zum Erwerb von Handlungskompetenz in pädagogischen Arbeitsfeldern.* Weinheim: Juventa

Perrez, M. (1994): Optimierung und Prävention im erzieherischen Bereich. In: Birbaume, N., Frey, D., Kuhl, J., Prinz, W. & Weinert, F. E. (Hrsg.), *Enzyklopädie der Psychologie, Psychologie der Erziehung und Sozialisation.* Bd. 1, 585–617. Göttingen: Hogrefe

PISA 2000–2009: Online verfügbar unter: www.oecd.org/de/pisa. Zugriff am 09.02.2012

Literatur

Plume, P. & Schneider, W. (2004): *Hören, lauschen, lernen 2 – Sprachspiele mit Buchstaben und Lauten für Kinder im Vorschulalter.* Göttingen: Vandenhoeck & Ruprecht

Plume, E., Warnke, A. (2007): Definition, Symptomatik, Prävalenz und Diagnostik der Lese-Rechtschreib-Störung. *Monatsschrift Kinderheilkunde 155*, 322–327

Prenzel, M., Artelt, C., Baumert, J., Blum, W., Hammann, M., Klieme, E. & Pekrun, R. (Hrsg.) (2007): *PISA 2006. Die Ergebnisse der dritten internationalen Vergleichsstudie.* Münster: Waxmann

Regal, W. & Nanut, M. (2005): Edward Jenner und die Kuhpocken (Narrenturm 28). *Ärzte woche, 41*, o. Seitenangabe. Online verfügbar unter: http://www.aerztewoche.at/viewArticleDetails.do?articleId=3640. Zugriff am 27.02.2012

Rogers, C. R. (1974): *Lernen in Freiheit.* München: Kindler

Romonath, R. & Mahlau, K. (2005): Metaphonologische Fähigkeiten und Wortschatzerwerb bei Vorschulkindern mit spezifischen Sprachentwicklungsstörungen (SSES). In: Arnoldy, P. & Traub, B. (Hrsg.), *Sprachentwicklungsstörungen früh erkennen und behandeln,* 250–269. Karlsruhe: von Loeper

Rühl, K. & Souvignier, E. (2006): *Wir werden Lesedetektive. Lehrermanual.* Göttingen: Vandenhoek & Ruprecht

Rutter, M., Maughan, B., Mortimer, P. & Ouston, J. (1980): *Fünfzehntausend Stunden.* Weinheim: Beltz

Sarimski, K. (2000): Frühförderung. In: Borchert, J. (Hrsg.), *Handbuch der sonderpädagogischen Psychologie,* 304–313. Göttingen: Hogrefe

Saß, H., Wittchen, H.-U., Zaudig, M. & Houben, I. (Hrsg.) (2003): *Diagnostisches und Statistisches Manual psychischer Störungen – Textrevision – DSM-IV-TR.* Göttingen: Hogrefe

Sassenscheidt, H. (1992): *Welche Wirkungen hat Einzelfallberatung? Eine Programmevaluation der Einzelfallhilfe von Beratungslehrerinnen und Beratungslehrern.* Hamburg: Kovač

Scheerer-Neumann, G. (1987): Kognitive Prozesse beim Rechtschreiben: Eine Entwicklungsstudie. In: Eberle, G. & Reiß, G. (Hrsg.), *Probleme beim Schriftspracherwerb,* 193–219. Heidelberg: Edition Schindele

Scheerer-Neumann, G. (2008): Frühe Rechtschreibförderung zur Vorbeugung von Rechtschreibschwäche. In: Borchert, J., Hartke, B., Jogschies, P. (Hrsg.), *Frühe Förderung entwicklungsauffälliger Kinder und Jugendlicher.* Stuttgart: Kohlhammer

Schiefele, V. & Pekrun, R. (1996): Psychologische Modelle des fremdgesteuerten und selbstgesteuerten Lernens. In: Weinert, F. E. (Hrsg.), *Psychologie des Lernens und der Instruktion*, 249–278. (Enzyklopädie der Psychologie: Themenbereich D, Praxisgebiete: Serie 1, Pädagogische Psychologie, Bd. 2). Göttingen: Hogrefe

Schiefele, V. & Schreyer, A. (1994): Intrinsische Lernmotivation und Lernen: Ein Überblick zu Ergebnissen der Forschung. *Zeitschrift für Pädagogische Psychologie, 8*, 1–13

Schlee, J. & Mutzeck, W. (Hrsg.) (1996a): *Kollegiale Supervision. Modelle zur Selbsthilfe für Lehrerinnen und Lehrer.* Heidelberg: Winter

Schneider, W., Roth, E., Küspert, P. & Ennemoser, M. (1998): Kurz- und langfristige Effekte eines Trainings der sprachlichen (phonologischen) Bewusstheit bei unterschiedlichen Leistungsgruppen: Befunde einer Sekundäranalyse. *Zeitschrift für Entwicklungspsychologie und Pädagogische Psychologie, 30*, 26–39

Schröder, U. (2005): *Lernbehindertenpädagogik. Grundlagen und Perspektiven sonderpädagogischer Lernhilfe.* Stuttgart: Kohlhammer

Schrottmann, R.-E. (1990): *Prävention, oder ist Vorbeugen besser als Heilen? Zur Präventionsdiskussion ein psychosozialer Bereich.* Heidelberg: Schindele

Schubarth, W. (2000): *Gewaltprävention in Schule und Jugendhilfe: Theoretische Grundlagen, Empirische Ergebnisse, Praxismodelle.* Neuwied: Luchterhand

Schulte-Körne, G. (2002): *Legasthenie: Zum aktuellen Stand der Ursachenforschung, der diagnostischen Methoden und der Förderkonzepte.* Bochum: Dr. Dieter Winkler

Schulte-Körne, G., Mathwig, F. (2001–2009): *Das Marburger Rechtschreibtraining.* Bochum: Verlag Dieter Winkler

Schulte-Körne, G., Warnke, A. & Remschmidt, H. (2006): Zur Genetik der Lese-Rechtschreibschwäche. *Zeitschrift für Kinder- und Jugendpsychiatrie und Psychotherapie, 34 (6)*, 435–444

Simon, H. & Grünke, M. (2010): *Förderung bei Rechenschwäche.* Stuttgart: Kohlhammer

Skowronek, H. & Marx, H. (1989): The Bielefeld longitudinal study on early identification of risks in learning to write and read: Theoretical background and first results. In: Brambring, M., Lösel, F. & Skowronek, H. (Hrsg.), *Children at risk: Assessment, longitudinal research, and intervention*, 268–294. New York, NY: de Gruyter

Smith, J. R., Brooks-Gunn, J. & Klebanov, P. K. (1997): Consequences of living in poverty for young children's cognitive and verbal ability and early school achievement. In: Duncan, G. J. & Brooks-Gunn, J. (Eds.), *Consequences of growing up poor,* 132–189. New York: Russell Sage Foundation

Snow, R. E. (1989): Aptitude-treatment interaction as a framework for research on individual differences in learning. In: Ackermann, P. L., Sternberg, R. J. & Glaser, R. (Eds.), *Learning and individual differences,* 13–59. New York

Souvignier, E. & Rühl, K. (2005): Förderung des Leseverständnisses, Lesestrategiewissens und Leseinteresse von Schülern mit Lernbehinderungen durch strategieorientierten Unterricht. *Heilpädagogische Forschung, 31,* 2–11

Stock, C. & Schneider, W. (2011): *PHONIT. Ein Trainingsprogramm zur Verbesserung der phonologischen Bewusstheit und Rechtschreibleistung im Grundschulalter.* Göttingen: Hogrefe

Strathmann, A. & Klauer, K. J. (2010): Lernverlaufsdiagnostik: Ein Ansatz zur längerfristigen Lernfortschrittsmessung. *Zeitschrift für Entwicklungspsychologie und Pädagogische Psychologie, 42,* 111–122

Suchodoletz von, W. (2005): Chancen und Risiken von Früherkennung. In: Suchodoletz, W. v. (Hrsg.), *Früherkennung von Entwicklungsstörungen. Frühdiagnostik bei motorischen, kognitiven, sensorischen, emotionalen, und sozialen Entwicklungsauffälligkeiten,* 1–21. Göttingen: Hogrefe

Suchodoletz von, W. (2007): *Lese-Rechtschreib-Störung (LRS) – Fragen und Antworten. Eine Orientierungshilfe für Betroffene, Eltern und Lehrer.* Stuttgart: Kohlhammer

Tausch, R. & Tausch, A. (1979): *Gesprächspsychotherapie.* Göttingen: Hogrefe

Tennstädt, K. C. & Dann, H.-D (1987): *Das Konstanzer Trainingsmodell (KTM). Bd. 3. Evaluation des Trainingserfolgs im empirischen Vergleich.* Göttingen: Huber

Tennstädt, K.-C., Krause, F., Humpert, W. & Dann, H.-D. (1987): *Das Konstanzer Trainingsmodell (KTM). Ein integratives Selbsthilfeprogramm für Lehrkräfte.* Stuttgart: Huber

Tolkmitt, P. (2005): *Lulu lernt lesen.* Heinsberg: Dieck Verlag

Trenk-Hinterberger, I. & Souvignier, E. (2006): *Wir sind Textdetektive. Lehrermanual mit Kopiervorlagen.* Göttingen: Vandenhoek & Ruprecht

UN-BRK (2006): *Convention on the Rights of Persons with Disabilities.* Online verfügbar unter: www.un-org/disabilities/convention/conventionfull.shtml. Zugriff am 20. 02. 2012

U. S. Bureau of Labor Statistics (2001): *National Longitudinal Survey of Youth, 1979.* Online verfügbar unter: http://www.bls.gov/nls/nlsy79.htm. Zugriff am 22.01.2012

Verbeek, D. & Petermann, F. (1999): Gewaltprävention in der Schule: Ein Überblick. *Zeitschrift für Gesundheitspsychologie, 7,* 133–146

Walter, J. (2001): *Förderung bei Lese- und Rechtschreibschwäche* (2. unveränderte Auflage). Göttingen: Hogrefe

Walter, J. (2008a): Adaptiver Unterricht erneut betrachtet: Über die Notwendigkeit systematischer formativer Evaluation von Lehr- und Lernprozessen und die daraus resultierende Diagnostik und Neudefinition von Lernstörungen nach dem RTI-Paradigma. *Zeitschrift für Heilpädagogik, 59,* 202–215

Walter, J. (2008b): Curriculumbasiertes Messen (CBM) als lernprozessbegleitende Diagnostik: Erste deutschsprachige Ergebnisse zur Validität, Reliabilität und Veränderungssensibilität eines robusten Indikators zur Lernfortschrittsmessung beim Lesen. *Heilpädagogische Forschung 34,* 62–79

Walter, J. (2009a): Theorie und Praxis Curriculumbasierten Messens (CBM) in Unterricht und Förderung. *Zeitschrift für Heilpädagogik, 60,* 162–170

Walter, J. (2009b): Eignet sich die Messtechnik „MAZE" zur Erfassung von Lesekompetenzen als lernprozessbegleitende Diagnostik? *Heilpädagogische Förschung, 35,* 62–75

Walter, J. (2011a): Die Messung der Entwicklung der Lesekompetenz im Dienste der systematischen formativen Evaluation von Lehr- und Lernprozessen. *Zeitschrift für Heilpädagogik, 62,* 204–217

Walter, J. (2011b): Die Entwicklung eines auch computerbasiert einsetzbaren Instruments zur formativen Messung von Lesekompetenz. *Heilpädagogische Forschung, 37,* 106–126

Weinert, F. E. (1996): Lerntheorien und Instruktionsmodelle. In: Weinert, F. E. (Hrsg.), *Psychologie des Lernens und der Instruktion.* (Enzyklopädie der Psychologie: Themenbereich D, Praxisgebiete: Serie 1, Pädagogische Psychologie, Bd. 2), 1–48. Göttingen: Hogrefe

Weiß, R. & Osterland, J. (1977): *Grundintelligenztest CFT 1 – Skala 1.* Braunschweig: Westermann

Weißhaupt, S., Peucker, S. & Wirtz, M. (2006): Diagnose mathematischen Vorwissens im Vorschulalter und Vorhersage von Rechenleistungen und Rechenschwierigkeiten in der Grundschule. *Psychologie in Erziehung und Unterricht, 53,* 236–245

Literatur

Wember, F. B. (2000): Kompensatorische Erziehung. In: Borchert, J. (Hrsg.), *Handbuch der sonderpädagogischen Psychologie,* 314–324. Göttingen: Hogrefe

Wember, F. B. (2001): Adaptiver Unterricht. *Sonderpädagogik, 31,* 161–181

Wilbert, J. (2010): *Förderung der Motivation bei Lernstörungen.* Stuttgart: Kohlhammer